すべてを疑え!

フェイクニュース時代を
生き抜く技術

古賀純一郎

Pope Fra s Shocks World,
Endorses Donald Trump for
President

旬報社

目次

第2部　情報操作にダマされないために
――フェイクニュース対策マニュアル

第1部

世界を蝕むフェイクニュースの罠

――誰が何のために行うのか

第1章　氾濫するフェイクニュース
――破壊される民主主義

1　国の進路も左右

フェイク（偽）ニュースが世界中で猛威を振っている。事実ではない架空の情報、つまりウソのニュースが妖怪のようにサイバー（仮想）空間を占拠。国の将来を決める大統領選や国の進路を決定する国民投票などに影響を及ぼし、民主主義を揺るがすほどの深刻な事態を招来させている。

低コストで誰でも情報発信できるインターネット時代への突入によって生まれた、デジタル時代の〝あだ花〟と評することもできよう。国の行方がこうした無責任なウソにかき回されるのは、健全な社会とは決して言えない。「民主主義が崖っ縁に立たされている」と言える最悪の情況である。

メディアリテラシーを身に付けた利用者であれば、フェイク情報に触れても、信頼性の高い既存のメディアなどの情報と突き合わせ、その真偽を判断する。だが、疑いを持つことさえも知らない善良で無垢な利用者は、これを真に受け、信じ込むばかりか友人らへ拡散させ、被害を大きくするケースさえも少なくない。その影響は決して限定的ではないのである。

仕事柄、学生たちと接する機会が多い中で痛感するのが若者たちのネット情報への信頼感の格別の高さである。デジタルネイティブと言われる彼らは、フェイク情報にとてもナイーブで、知人などから聞いた話や情報を疑うことなくそのまま受け入れ、信じ込んでしまう。フェイクニュースの餌食になる可能性は残念ながらとても高い。

そもそもインターネットの世界は、当初から事実かどうか判然としない無責任な虚偽情報が流れやすいと考えられていた。フェイクニュースが流れる下地があったのである。

その一方で、「各人がネットを通じて自らの意見を発信し、民主主義が活性化する」「情報が有効に活用され、私たちの生活はさらに豊かになる」「社会的な階層がなくなり、自由に満ちた世の中になる」などの、バラ色の世界へ移行するとの楽観的な意見も少なくなかった。だが、事態は逆へ向かってしまったようである。

ネット上にはフェイクニュースが蔓延し、何が事実か、信じられる情報は何なのか、現実の世界かどうかもわからないような憂慮される事態に陥っている。第5章で詳述するが、アルゴリズムやフィルターバブルによってもたらされるパーソナライズされた情報は、社会の分断を招き、世界を混乱と混沌が支配しかねない、好ましくない事態を招来させている。しかも、その深刻化がますます進展していくような雲行きなのである。

2　新たな局面

フェイクニュースは、二〇一七年一月のドナルド・トランプ米大統領の就任で新たな局面を迎えた。本書の読者の多くも、怒号の飛び交う初の記者会見をテレビなどで見た記憶があるだろう。ニューヨーク・マンハッタンの名物、トランプタワー内で開いた就任直前の会見で、次期大統領は、CNNなどの記者らと激突し、「君たちはフェイクニュースだ」と決め付けて質問を遮り、華やかで和気あいあいのお披露目式となるどころか大荒れのうちに終了した。

就任後はこれに拍車がかかり、演説や米短文投稿サイトのツイッターで、「偽ニュースは国民の敵」「戦わなければならない」などと力説、側近らは事実と異なる主張について「オルタナティブ・ファクト（もう一つの事実）がある」とうそぶき、ウソを正当化するまでに至っている。

政権の姿勢はその後も変わらず、自らに都合の悪い情報、不利な情報を「フェイクニュース」と指弾、事実を軽視しメディアを敵視する姿勢に変化はない。このあたりから偽の情報を意味するフェイクニュースに、「自分に都合の悪い、不利なニュース」という別のニュアンスが加わった。

これが各国首脳へ伝播してしまったから始末が悪い。フィリピンのロドリゴ・ドゥテルテ大統領は、海軍の装備品調達をめぐる自らに向けられた介入疑惑などについて、「フェイクニュース」と批判。ノーベル平和賞を受賞したミャンマーのアウン・サン・スーチー国家顧問兼外相も、国際社会から手厳しい非難を浴びている少数民族ロヒンギャへの迫害疑惑を、「フェイクニュース」と決め付けている。

二〇一八年一〇月には、「トランプ大統領の携帯電話を中国が盗聴している」と報じた米ニューヨーク・タイムズ紙の報道について、中国外務省副報道官が「フェイクニュース」と断じる事態にまでになっている。それが海を渡り、今や国内の政治家の発言にも聞かれるようになったから恐ろしくなってきた。

3　メディアと敵対する政権

トランプ大統領は「フェイクニュース・メディアは米国民の敵」と主張し続け、〝第四の権力〟

とも評される新聞や放送とガチンコ対決が続いているのは極めて異例である。すでに触れたように、フェイクニュースの連呼で始まった大統領就任直前の記者会見が象徴的である。その後もさまざまな局面で顔面を怒りで震わせ、常軌を逸したトーンで「フェイク」と吠え続けるさまは、安定感のかけらも感じさせないばかりか一種異様である。

一国の最高指導者・権力者が、メディアをこのようにあしざまに罵倒することはこれまであったのだろうか。欧米に長いジャーナリストの福田直子は、著書の『デジタル・ポピュリズム――操作される世論と民主主義』の中で、プロパガンダ（政治宣伝）を縦横無尽に駆使しナチス・ドイツの宣伝相として君臨していたヨーゼフ・ゲッベルスが、約八〇年前に繰り返し使っていた「リューゲンプレッセ（嘘つきメディア）」を挙げている。これは、トランプ大統領の叫ぶフェイクニュースとほぼ同じ意味合いがある。

福田は、「この言葉は、ナチス・ドイツが独裁体制を強化するために既成メディアを一掃し、党のプロパガンダ機関紙だけを認めた第三帝国時代を否応なく想起させる」と指摘している。

ロジャー・マンヴェル、ハインリッヒ・フレンケル著『第三帝国と宣伝――ゲッベルスの生涯』によると、ナチを攻撃していた新聞は、ヒトラーが首相に就任した一九三三年一月の直後に発行停止となった。反ナチ党員はすべての重要な役所から追放され、警察のトップはすべてナチ党員に置き換えられた。ナチス・ドイツのプロパガンダ作戦はこれ以降に本格化した。

現地からのマスコミ報道によると、最近のドイツでは、極右のデモなどでヒトラー時代のゲッベルスを思い起こさせる「リューゲンプレッセ（嘘つきメディア）」のシュプレヒコールや、法律で禁止されている「ジークハイル（勝利万歳）」の声が上がっているばかりか取材記者への暴力行為も目立つようになっている。

4　ポスト・トゥルース（真実）

世界最強の民主主義国家のリーダーとその側近が会見などで平然とウソをつき、それがまかり通る世の中に、なぜ変わってしまったのだろうか。それを理解するキーワードの一つが、最近耳にすることが多くなった「ポスト・トゥルース（真実）」である。

世界的に権威のある『オックスフォード英語辞典』が、二〇一六年の「the word of the year（今年の言葉）」にこれを選んだ。前年は日本の携帯が生み出した「絵文字」だったから、覚えている向きも多いだろう。

この意味について同辞典は、「Relating to or denoting circumstances in which objective facts are less influential in shaping public opinion than appeals to emotion and personal belief.（客観的な事実は、世論形成で個人的な信念や感情へのアピールに比べて影響力がより少ないということに関連、

あるいは意味する状況）」と説明している。

要は、客観的事実よりも個人の信念や考えに近い情報やニュースを信じる傾向が、社会に強まっていることを指している。裏を返せば、ネット上に蔓延するフェイクニュースは、それが事実でなくても自分の信念や考えに沿っていれば、人は信じるというのである。

後述することになるが、フェイクニュースの蔓延する背景には、①ポータルサイトなどのプラットフォームの責任の欠如、②混乱を狙ったロシアなどによるプロパガンダ（政治宣伝）、③ネットの特性であるアルゴリズムによるフィルターバブル、エコーチャンバー、④ネット広告の仕組み――などが指摘できる。

これでは拡散に歯止めが掛けられない。事実が一般市民から遠ざけられ、ウソと偽善に満ちたフェイクニュースに立脚した社会が構築されるのであれば、民主主義を基本とする私たちの市民社会はこの先一体どうなっていくのであろうか。考えるだけでも空恐ろしい。

5　揺さぶられる民主主義

フェイクニュースによる混乱や混沌が支配する中で、民主主義社会が揺さぶられる事態が国内外で起きている。二〇一八年九月の沖縄県知事選や、同一〇月の北海道地震でフェイクニュースが飛び交い、混乱に拍車を掛けた。

海外だと、第2章で説明する二〇一六年一一月の米大統領選、同六月の欧州連合（EU）離脱を問う英国の国民投票、二〇一七年五月の仏大統領選などだ。最近では、与党民進党を批判する中国発と思われるフェイクニュースが大量に流れ、与党敗北で終わった二〇一八年一一月の台湾統一地方選もある。

私たちの民主主義は、その核心となる代表者を選ぶ議会の選挙で、確実で間違いのない情報や報道をベースに、主権者である私たちが判断し、代表を決め、議会を通じて民主主義社会を運営する。信頼できる情報はこれまで報道機関に頼ってきた。

だが、判断の基礎を昨今のフェイクニュースとし、それをベースに有権者が投票するのであれば、結果は市民の要求からかけ離れたものとなるだろう。民主主義は破壊され、その将来は危うい。

私たちはそうした事態に陥ってしまうことを、全力を挙げて避けなければならない。そのためにもフェイクニュースを見破るメディアリテラシーを身に着ける必要がある。本書では、フェイクニュースの歴史や実例、それが蔓延する背景などの解説と並行してウソを見破るノウハウを紹介する。なお、編集の都合で書籍や論文の著者、登場人物の敬称は省略させていただいたことをここで付記する。ご了解いただきたい。

第2章　フェイクニュースとは
――その実例

1　国内のケース

フェイク（偽）ニュースはつい最近登場したのか。そうではない。事実ではないニュース、デマ、都市伝説などのウソのニュース、フェイクニュース、フェイク情報は相当以前から少なからずあった。

作家の保坂正康は、先の大戦中の大本営発表について、著書の『大本営発表という権力』の中で「権力による虚偽、誇張、隠蔽の比喩」「都合の悪いことはすべて隠してしまうという意味」と説明している。この発表をベースに新聞や放送は報道したので、当時の戦況の多くがウソ、つまりフェイクニュースだったことはよく知られている。

　海外でも同様で、それを象徴する言葉に、第二次世界大戦で英国を勝利に導いた英雄ウィンストン・チャーチル首相の名言がある。チャーチルは、「A lie gets halfway around the world before the truth has a chance to get its pants on（真実がズボンをはく前に、嘘は世界を半周してしまう）」と語っている。同じような趣旨で米国の作家マーク・トウェインが「A lie can travel half way around the world while the truth is putting on its shoes.（真実が靴を履く間に、嘘は地球を半周する）」と語っている。トウェインの方が四〇歳ほど年長だからチャーチルが参考にした可能性がある。

　「フェイクニュースは正しいニュースに比べて六倍速く到達する」。米マサチューセッツ工科大学（ＭＩＴ）のチームは、米短文投稿サイトのツイッター上に投稿された四五〇万以上の情報の分析により判定したこんな研究結果を二〇一八年三月に公表した。「悪事千里を走る」の諺を膨大なツイッター情報の調査・分析で裏付けた形である。

　では、ネット上でそれが話題になり出した近年どのようなフェイクニュースが登場し、私たちがまんまと担《かつ》がれてしまったのか。あるいはその嘘を見破ることができなかったのか。話題になった記事や情報のいくつかを紹介しよう。

(1) 政治家

▼安倍総理逮捕の号外

「ツイッターに産経の偽号外　法的措置も検討」——。二〇一七年八月四日夜の産経新聞社のウェブサイトにこんな見出しの記事がアップされた。一面に「安倍総理逮捕」「安倍夫婦逮捕」の大見出しが躍った産経新聞を標榜する写真入りの号外がツイッター上に流れたショッキングなニュースである。うち一枚は、安倍晋三首相と思われる人物の左右を警官が固めた写真入りで、一瞬「本当では」と信じ込んでしまう迫力がある。現職の総理大臣だから、事実とすれば世界的なビッグニュースだ。

だが、全国紙やNHKなどのウェブサイトで確認すると、この種の事実の記事は一切アップされていない。新聞にも当然ない。フェイクニュースだと瞬時にわかる。愉快犯の仕掛けたパロディー。ネット上の写真の加工などに手慣れた、IT（情報技術）オタクの仕業の可能性が強い。

同ウェブサイトによると、産経新聞がインターネット向けに発行しているPDF号外を台紙に作成した、見出しを「安倍総理逮捕」という見出しの偽号外がツイッター上に投稿されており、同社は「極めて悪質」とするコメントを出し、同時に法的措置を検討していると警告した。

確認された二本の偽号外は、いずれも学校法人「森友学園」の補助金詐取事件関連で、学園の

平成29年8月2日(水)

産経新聞

号外

安倍総理逮捕

官邸突入後

嘘発見器で偽

写真1　「安倍総理逮捕」を報じたフェイク

前理事長夫妻の逮捕を報じた産経の同七月三一日の号外を加工したとみられている。

同日に投稿された首相夫妻逮捕の偽号外は、連れ立って歩く首相夫婦の写真付き。脇見出しは、「『森友』補助金詐取疑惑」「公安九課　内乱罪を適応」。翌々日の八月二日投稿の偽号外「安倍総理逮捕」の脇見出しは、「官邸突入後身柄拘束」「嘘発見器で偽証検査へ」。首相が捜査員とともに出頭する現場を撮影したと思わせる写真付きである。

記事はＰＤＦの号外の掲載分をそのまま使い、題字にはぼかしが入っている。この騒動は在京の民間放送でも報じられた。産経新聞はツイッター社へ記事の削除を要請した。

政治家だと、立憲民主党の辻元清美代議士もさまざまなフェイクニュースの対象となっている。「被災地で反政府ビラを配布した」「帰化日本人だ」などの、多数のデマを流された。反政府ビラの配布は、産経新聞が阪神淡路大震災の際に報じた件で、東京地裁で名誉棄損の裁判となり、産経側が敗訴している。

▼田母神都知事候補のツイート

二〇一八年八月に亡くなった翁長雄志沖縄県知事関連のフェイクニュースが、三年前の二〇一五年四月にネット上に流布したことがある。都知事選で落選した元航空幕僚長の田母神俊雄が、自分自身のツイッターに「沖縄県知事翁長氏の娘さんは中国の北京大学に留学後、上海の政府機関で働く中国人男性と結婚。その男性は中国共産党・太子党幹部の子息だそうです。翁長氏の普天間基地の辺野古移転反対もこれだと理解できますね」と発信した。

翁長前知事は、同一〇月の県議会の答弁などで「上の娘は県内に勤め、下は埼玉県の大学へ行き、一度も中国へは行っていない」と否定し続けてきた。

同五月二二日付の毎日新聞によると、この偽情報の発信源は、右派メディアの衛星放送局「日本文化チャンネル桜」が二〇一四年八月に配信した「沖縄の声」で、当時那覇市長だった翁長前

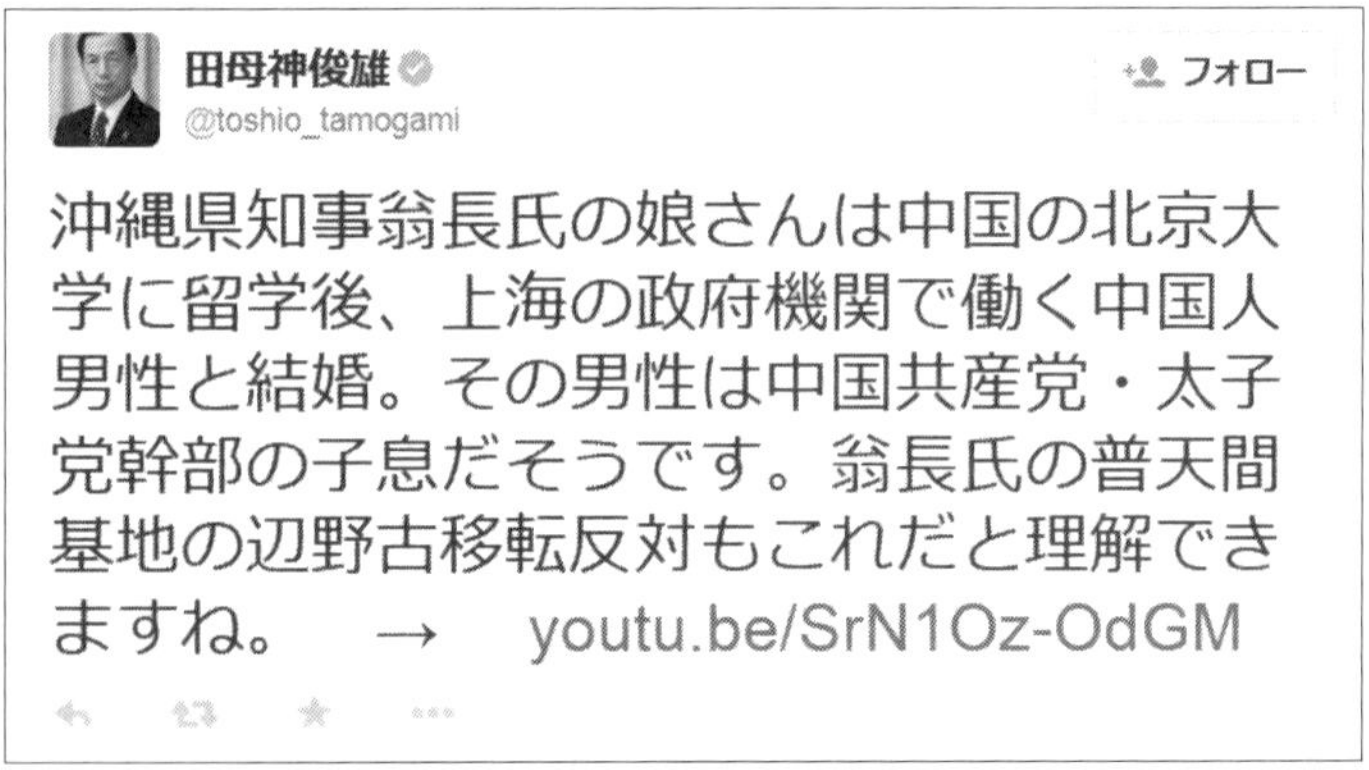

写真2　田母神俊雄氏のツイッターによるフェイクニュース

知事について司会者と解説者が「娘は北京留学中だそうです」と発言していた。

チャンネル桜は、毎日新聞の取材に対し、県民が話していたことを伝聞の形で報じたと説明。同時に、県議会での否定答弁も配信し、動画の一部をサイトから削除した。だが、番組の配信後、ある投稿者がツイッターで「娘を中国の北京大学へ留学させ、便宜を図っている」と繰り返し発信。二〇一四年一一月の知事選に立候補すると、「中国共産党の幹部が結婚相手」と尾ひれを付けて拡散した。

これを約二五万人のフォロワーを持つ田母神が投稿し、さらに「（結婚した）男性は、中国共産党・太子党の幹部だそうです。翁長氏の普天間基地の辺野古移転反対もこれで理解できますね」と、自らの都合に合わせたフェイク書き込みを加えて拡散させた。

情報確認の杜撰さといい加減さをみれば、自衛隊制服組の幹部を勤め、都知事候補となるほどの著名人であっても、そのことと情報の正確さとは何ら関係ないことがこれで確認できよう。筆者の所属する茨城大学の講義で、学生に対する「だまされそうになったフェイクニュース」のアンケートで一人がこれを挙げていた。

(2)芸能人

「事実は小説よりも奇なり」とは言うものの、やはり著名人、特に芸能人は一般の注目を浴びる分だけ、スキャンダルやプライバシー侵害などで矢面に立ちやすい。有名税と言われたりもする。芸能週刊誌がウソとゴシップの山だという評価は少なくない。スキャンダル報道はよほどの酷い誤報でないかぎり、雑誌の販売に貢献する効果もある。ここでは急増するネット時代特有のケースを紹介しよう。

芸能関係だと本人が矢面に立つフェイクニュースのケースと名前を語られた二つがある。一つ目はネット中傷が鎮静化するまで一〇年間も要した、お笑い芸人が餌食になった悪質なケースである。

▼スマイリーキクチ

被害者はスマイリーキクチ。ネット犯罪の加害者の逮捕は初めて。しかも複数人だったから、マスコミで大きく報じられた。足掛け一〇年の孤立無援の戦いを克服したキクチは、今では悪質なフェイクニュースの被害者を助けるコンサルタント役として各種メディアに登場し、指南に当たっている。

記録をまとめた著書『突然、僕は殺人犯にされた——ネット中傷被害を受けた10年間』によると、発端は一九九九年八月、ネット上の掲示板に「強姦の共犯者、スマイリー鬼畜、氏ね」「犯罪者に人権はない、人殺しは即刻死刑せよ」などの書き込みが突然、並んだことだった。

わいせつ目的で女子高校生が拉致、監禁された末に殺害され、ドラム缶の中にコンクリート漬けで放置された前年の殺人事件の犯人だと決め付けられたのである。所属事務所はホームページ上で否定した。だが、書き込みは鎮静化するどころか拍車がかかった。CMのスポンサーに「殺人犯を出すな」などの抗議や、広告代理店からの事実の確認もあった。

キクチは削除を依頼したが、掲示板の管理者は「証拠がなければ応じられない」と難色を示した。警視庁に相談するものの、担当がIT（情報技術）に疎い刑事で埒が明かない。追い打ちをかけるように、元警察官が出版した本の中に、キクチが犯人であることをにおわす記述があり、立場は一段と厳しくなった。

だが二〇〇八年になって、事件は解決に向けて大きく動き出す。ITに詳しい警視庁中野署の刑事と出会ったからである。その結果、北海道から大分までの年齢一七歳から四六歳の男女計一九人が検挙された。警官が「キクチは殺人事件と無関係。ネットの書き込みは事実無根」と告げると、大半は「ネットに洗脳された」「ネットにだまされた」と豹変。今度は、責任を他人になすり付け、最終的には「仕事のストレス」「離婚してつらかった」「ムシャクシャしてやった」と被害者であることを強調した。

なぜキクチが、こうした酷い目に遭ったのか。それは、所属事務所がキクチを事件現場に近い「東京足立区出身の元不良」で売り出した、ただそれだけであった。

▼なりすまし

直接本人ではないが、歌舞伎役者市川海老蔵の妻でフリーアナウンサー小林麻央が絡んだ案件がある。小林がガンで他界した二〇一七年六月に、悪質なフェイクニュースがネット上に流れて混乱を招いた。

これは、都内の唐澤貴洋弁護士になりすました人物がツイッター上に「私の姪の小林麻央、先頃亡くなったとの第一報。最後まで笑顔を絶やさなかった」との情報を発信。これが死亡公表の前に拡散した。このためネット上には「売名行為」「早く削除すべき」などの怒りの声があふれた。

マスコミなどからの問い合わせで気付いた弁護士は、アカウントの凍結をツイッター社に要請したが、当日は応じず、二日後になってやっと認められた。対応の遅れが混乱を増幅した面があ

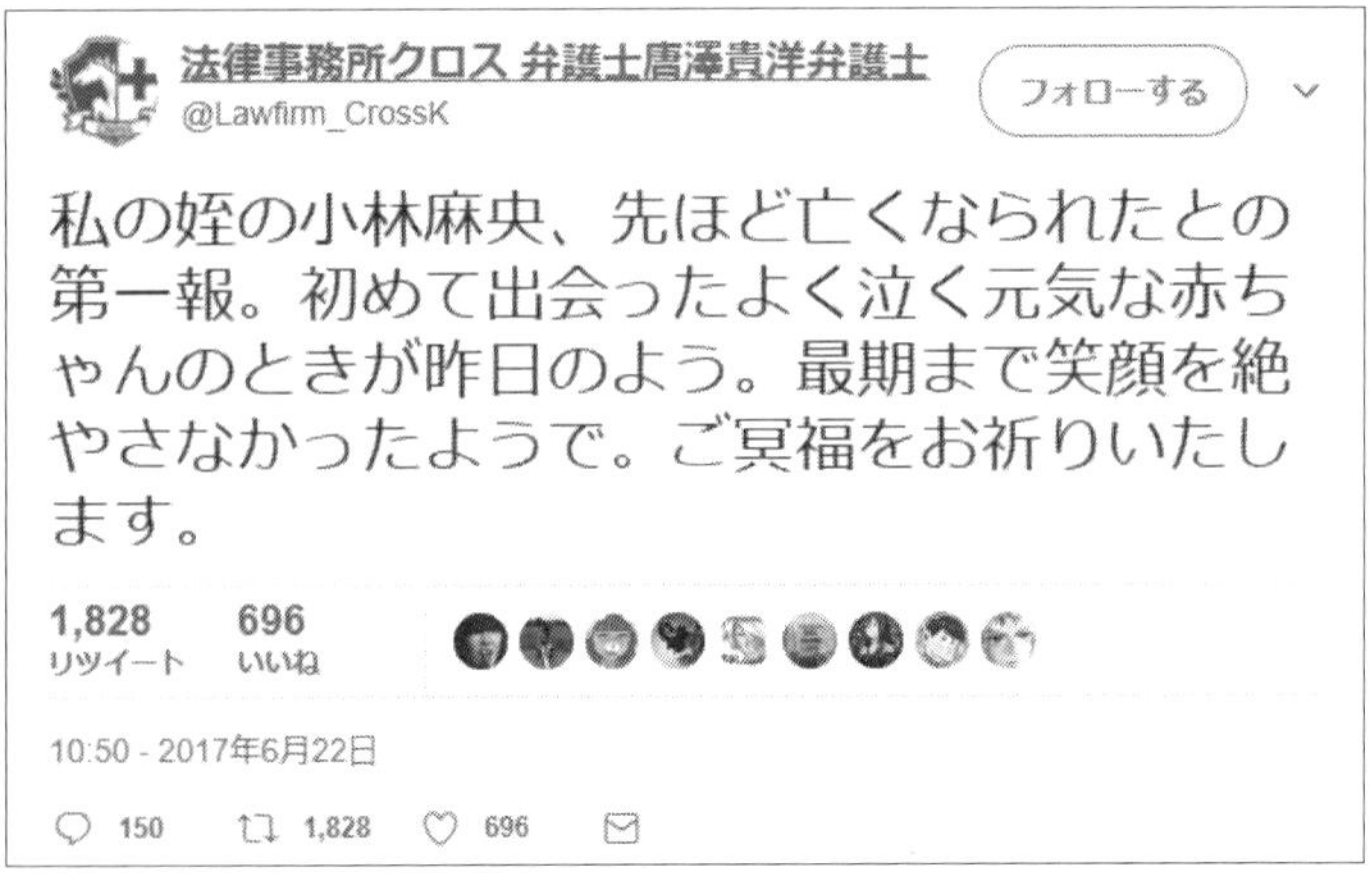

写真3　「なりすまし」によるフェイクニュース

る。なぜ被害にあったのか。

唐澤弁護士は以前に、ネット掲示板「2ちゃんねる」で中傷された男性の依頼で、書き込み削除を手掛けたことがある。この関連でネット上の中傷が過熱し、殺人予告が多数あり、逮捕者が出たことがある。弁護士は身に覚えのない中傷を受けることが多く、今回もそのケースに該当するのではないかと推定できる。

なりすましについては、二〇一四年五月に発生した、AKB48のメンバーを狙った握手会襲撃事件後、負傷した女性を装ったアカウントで「まだ、人のことが信用することができません」とのツイッター投稿が流れ、話題になった。だが、これを所属事務所が否定し、ウソが発覚した。最近流行の画像共有サービスのインスタグラムから写真を流用すれば、アカウントを簡単に作成できることが背景にある。

ネットの掲示板や雑誌などの情報をもとに「俳優の西田敏行さんが違法薬物を使い、日常的に暴力をふるっている」などのフェイクニュースがネット上で話題になったこともある。出演予定のテレビ局へ問い合わせの電話が殺到、西田さんの所属事務所の業務が妨害された。

警視庁は二〇一七年七月に、事務所の業務を妨害した疑いで、これに関わった中部地方出身の三人を書類送検した。調べに対し三人は、「興味を引く記事を掲載してブログの閲覧数を伸ばし、広告収入を増やしたかった」と供述している。いわゆる実利を求めてのフェイクニュースの発信である。

フェイクニュースではないが、タレントなど有名人が登場するテレビのコマーシャルの一場面を切り取って画像に字幕を入れて加工し、ウェブサイト上の自社製品のPRに使うなどの悪質なフェイク広告が登場している。インスタグラムのタレントの写真を拝借したフェイク広告もあるようだ。画像や写真の加工は簡単にできることを念頭にだまされないように注意しよう。

(3) 選挙

▼沖縄知事選

「安室奈美恵さんが玉城候補を支持」「佐喜眞淳氏の政策の文字数は二・二万字超で、玉城デニー氏は約八〇〇字」――。第6章で詳細に説明する在日米軍普天間飛行場の名護市辺野古への移設

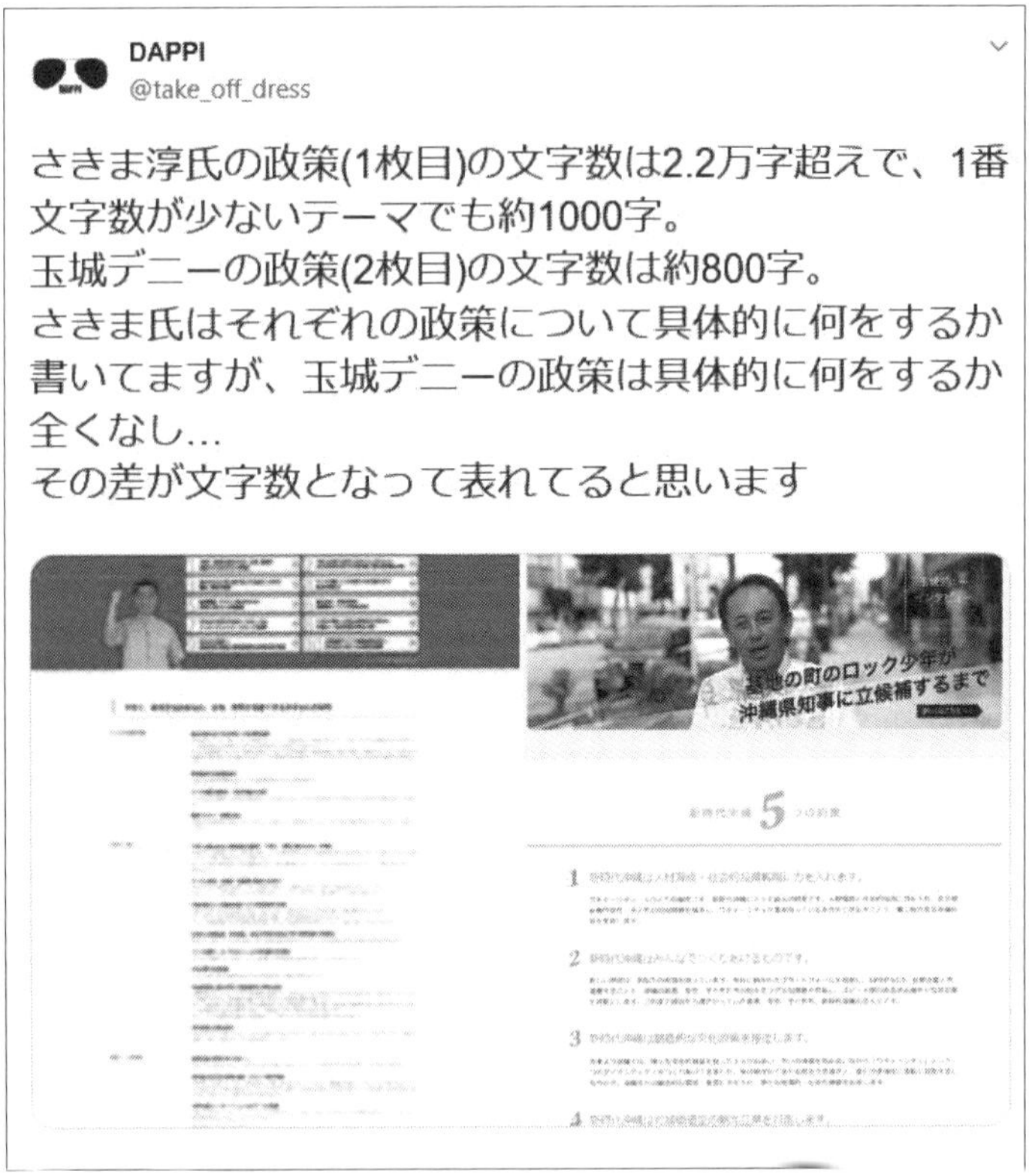

DAPPI
@take_off_dress

さきま淳氏の政策(1枚目)の文字数は2.2万字超えで、1番文字数が少ないテーマでも約1000字。

玉城デニーの政策(2枚目)の文字数は約800字。

さきま氏はそれぞれの政策について具体的に何をするか書いてますが、玉城デニーの政策は具体的に何をするか全くなし…

その差が文字数となって表れてると思います

写真4　沖縄県知事選における玉城デニー候補に対するフェイクニュース

の是非が争点となった二〇一八年一〇月の沖縄知事選でも、多数のフェイクニュースがネット上に拡散した。冒頭に挙げた情報はいずれもフェイクニュース。

新基地建設をゴリ押しする国と、これを拒否する沖縄県のそれぞれの意見を支持する候補が激突した知事選では、ネット右翼などのヘイト同然の書き込みがサイバー空間に飛び交い、多大な混乱を引き起こした。地元紙の調査では、飛び交ったツイート、リツイートなど二〇万件以上の九割が誹謗・中傷で、基地反対派の玉城デニー候補に集中していた。全国紙を装った偽世論調査や名誉棄損になりかねないフェイクニュースもあった。

二年前の米大統領選でフェイクニュースがネット上に蔓延し、結果に多大な影響があったことを教訓に、地元の琉球新報や沖縄タイムスがツイッターなどのSNS情報が正しいか間違っているかのファクトチェックを実施。その結果を紙面で積極的に取り上げた。これはフェイクニュースや偽情報の鎮静化に一役買い、両紙とも「一定の成果があった」と胸を張っている。地元二紙は、疑わしい情報六〇件の検証結果を紙面で公表した。

(4)災害

▼北海道地震、大阪北部地震、熊本地震

最大震度七で、最悪の全域停電(ブラックアウト)も発生した二〇一八年九月の北海道地震では、

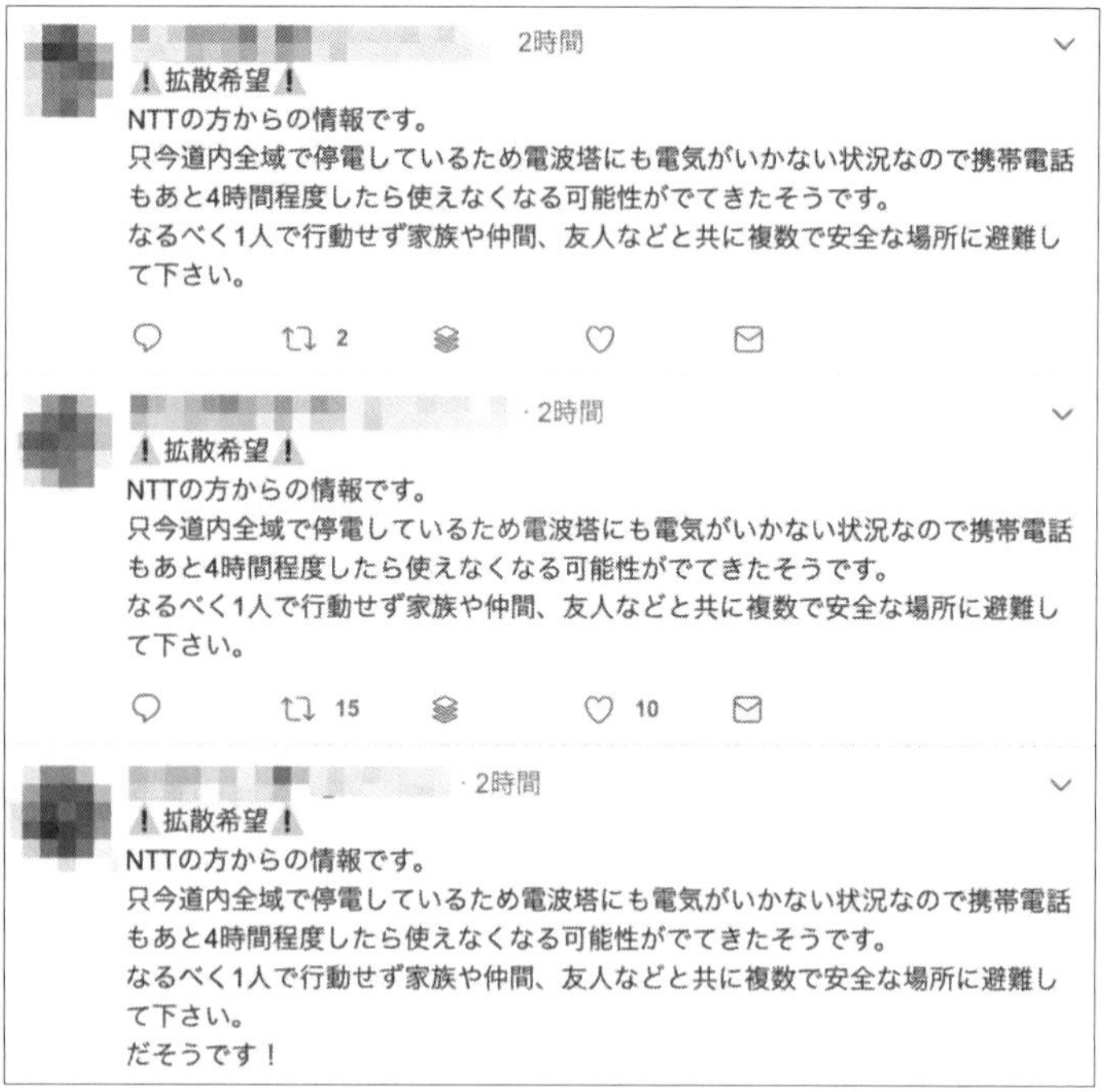

写真5　震災におけるフェイクニュース①
（北海道地震におけるケース）

混乱に拍車を掛けるようなフェイクニュースが拡散し、被災者の不安をあおった。もっともらしいデマが多く、だまされた市民が少なくなかったようである。

　爆発的に流れたツイートの一つが、「拡散希望　NTTからの情報です。電波塔にも電気がいかない状況なので携帯電話もあと四時間程度したら使えなくなる可能性が出てきた」であった。NTTがこうした情報を流した事実はない。ただし、バッテリーが数時間も

写真6　震災におけるフェイクーニュース②
（大阪北部地震におけるケース）

たない局も確かにあり、完全にはウソとは言えなかったようだ。

　このほか自衛隊情報として、「大地震が来る可能性が高いようです。推定時刻五〜六時間後とのことです」や「大規模な断水が始まる」などの無責任な情報も飛び交った。この中には「良かれ」と思って発信した善意の第三者もいたようで、フェイクニュースを真に受けて市民が右往左往する姿を見て喜ぶ愉快犯とは必ずしも言えない。

写真7　震災におけるフェイク―ニュース③
（熊本地震におけるケース）

今回は、若者に人気のLINEがこのフェイク情報拡散に一役買った。混乱で情報が錯綜する中、デマかどうかを判定するのは難しいだけに、受け手も慎重な対応が必要だろう。

震度六弱だった同六月の大阪北部地震では、写真付きで「シマウマが脱走」のフェイクニュースが流れた。全国紙が二年前に撮影したシマウマ脱走の写真が、加工して拡散されたようだ。大阪府は公式サイトで①事実と異なる情報がネット上で発信、拡散中、②情報が信頼できるか十分に確認する、③未確認情報をむやみに拡散しない——などと市民に注意を喚起した。

「おいふざけんな、地震のせいでうちの近くの動物園からライオン放たれたんだが　熊本」。二〇一六年四月の熊本地震の発生直後に、暗い街中をライオンがうろつく画像とともにこんなデマをツイッターに書き込んだ神奈川県の二〇歳の男性が、偽計業務妨害の疑いで逮捕されたことは記憶に新しい。

熊本県警によると、投稿は一時間で二万件以上リツイートされて拡散し、熊本市動物園には、市民から一〇〇件以上の問い合わせが相次いだ。男性は、「みんなを驚かせようと悪ふざけでやった」と語っている。一種の愉快犯であるが、地震で心細さを募らせる市民をさらに混乱させる悪質なフェイク情報である。

(5)まとめサイト——DeNA、保守速報

傘下にプロ野球の横浜DeNAベイスターズを抱えるなど、多方面にビジネスを展開するインターネット企業DeNA。ネット上にあふれるコンテンツを特定のテーマごとにまとめ、配信するキュレーション（まとめ）サイトにウソの情報が流れていることが判明。同社は二〇一六年一一月にサイトを閉鎖した。

これは、同社の医療情報サイト「WELQ（ウェルク）」が、「肩こりの原因は、幽霊ということもある」などの信憑性が疑わしい記事を掲載しており、これに対する批判が相次ぎ、炎上したことがきっかけである。

なぜこうした無責任の極まる記事を掲載したのか。発注を受けたライターが、医療関係者など専門家に取材した情報をベースに執筆すれば信頼性も高く、問題も少なかったであろう。だが実際は、自覚もなく、ネット上の他のサイトの記事を無断で盗用し、記事を作成していた。独自取材のない、いわゆる〝コタツ記事〟である。これによって同社幹部が謝罪に追い込まれた。

この不祥事を受けて、リクルートホールディングス、サイバーエージェントなどのほかの大手も疑義のある医療や健康関連の記事の公開を一斉に止め、事態は鎮静化した。ネット上に氾濫する情報を集めて掲載するまとめサイトは少なくない。「ハムスター速報」。「All About」「NEVERまとめ」「保守速報」などが知られている。

第5章で触れることになるが、こうした「まとめサイト」の記事を制作するライターや編集者を募集しているサイトがネット上にある。対価が極めて安価で、安直なアルバイト感覚で引き受けたライターが執筆しているため、今回のような安易な盗用を許す下地になっている。運営者も、社会的な責任があることを自覚して運営に当たることが期待される。

まとめサイトについて名古屋大学准教授の日比嘉高は、著書『「ポスト真実」の時代――「信

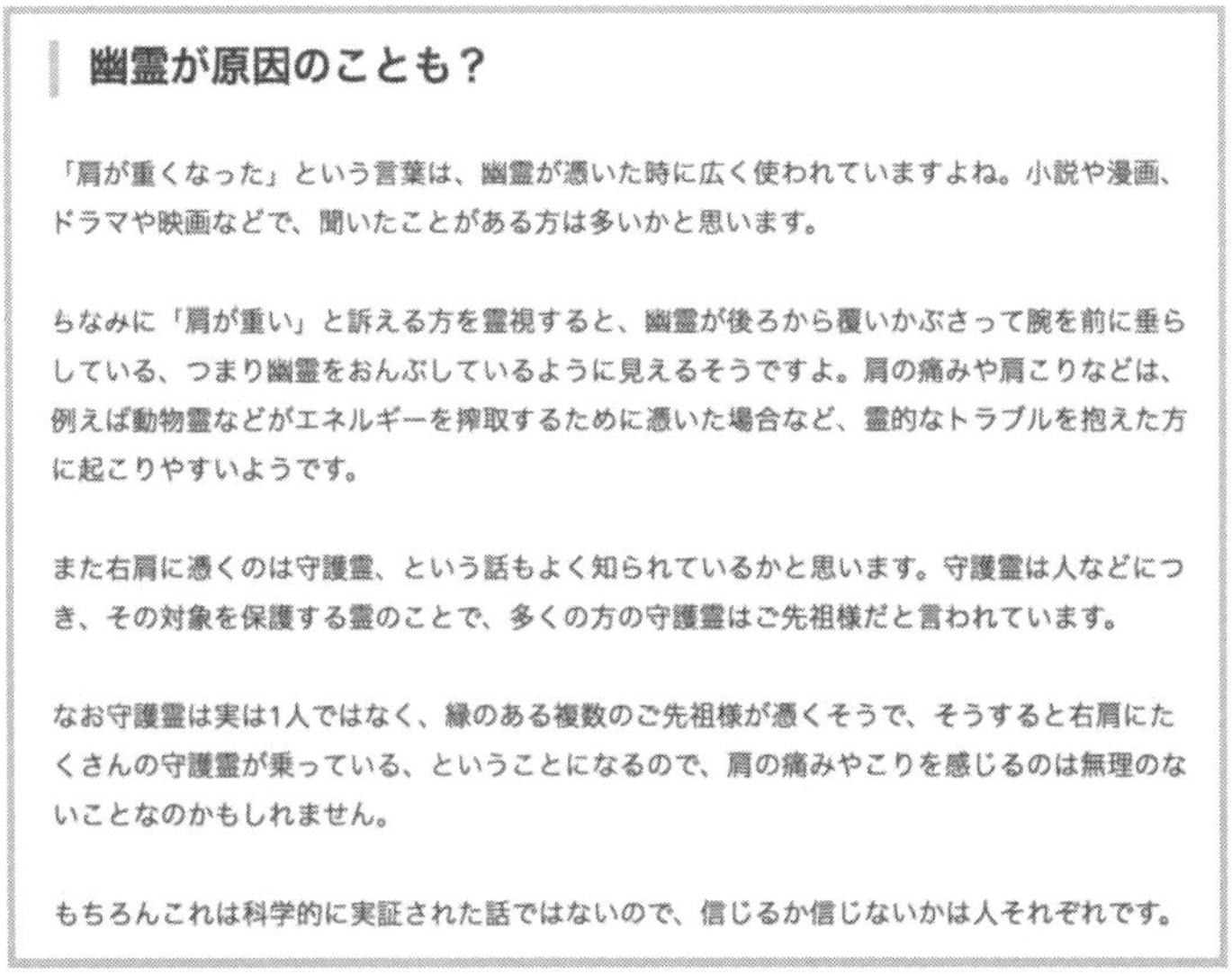
幽霊が原因のことも？

「肩が重くなった」という言葉は、幽霊が憑いた時に広く使われていますよね。小説や漫画、ドラマや映画などで、聞いたことがある方は多いかと思います。

ちなみに「肩が重い」と訴える方を霊視すると、幽霊が後ろから覆いかぶさって腕を前に垂らしている、つまり幽霊をおんぶしているように見えるそうですよ。肩の痛みや肩こりなどは、例えば動物霊などがエネルギーを搾取するために憑いた場合など、霊的なトラブルを抱えた方に起こりやすいようです。

また右肩に憑くのは守護霊、という話もよく知られているかと思います。守護霊は人などにつき、その対象を保護する霊のことで、多くの方の守護霊はご先祖様だと言われています。

なお守護霊は実は1人ではなく、縁のある複数のご先祖様が憑くそうで、そうすると右肩にたくさんの守護霊が乗っている、ということになるので、肩の痛みやこりを感じるのは無理のないことなのかもしれません。

もちろんこれは科学的に実証された話ではないので、信じるか信じないかは人それぞれです。

写真8　医療情報サイト「WELQ」におけるフェイクニュース

じたいウソ」が「事実」に勝る世界をどう生き抜くか』の中で、情報が多すぎる時代で「人が欲しているもの」を先回りして収集し、感想を付けて提示するのは「理にかなった作業」だと評価している。その一方で、不正確な情報や記事盗用が是正すべき点であると指摘し、同時に①取材がない、②低質で無責任な記事、嘘がまかり通る、③悪質なデマやヘイトを意図的に流すケースもある、④正確さや誠実さ、正義が二の次に追いやられていく——などの問題点を挙げている。

　保守速報は、別の意味で知られるまとめサイトである。このサイトは、ネット上にあったとある在日外国人女性に対する差別的な投稿を集め、編集の上で掲載した。これに対し、在日外国人の女性は名誉を棄損されたとして提訴し、大阪地裁での裁判で勝訴。二〇一八年六月の大阪高裁も一審の判決を支持し、保守速報へ損害賠償を命じている。保守速報は、「情報を集約したにすぎない」と反論していたが主張は認められなかった。差別的な投稿とフェイク情報は紙一重でメディアとしての社会的な責任や自覚が求められると言えよう。

(6)デマサイト

掲載記事のすべてがフェイクニュース、しかも広告収入が目当てというトンデモサイトが国内にもあった。しかし、期待したほどのアクセスがなく、すでに閉鎖された。もっとも、今後登場する可能性もあるので紹介しよう。

「韓国、ソウル市日本人女児強姦事件に判決　一転無罪へ」「次期米国国務長官、慰安婦問題で韓国に貿易停止の経済制裁」「人肉工場摘発　奇形児缶詰に高齢者ハンバーガー　韓国」。広告稼ぎのために、こんな見出しのフェイクニュースが並ぶ悪質なサイトがかつてあった。アクセス数が多ければ多いほど広告収入が増えるネットの仕組みに、悪乗りしたサイトである。

二〇一七年一月二八日付の東京新聞の記事「ヘイトあおる偽ニュース」や、同二七日付のネットニュースのバズフィード・ニュース「ヘイト記事は拡散する――嫌韓デマサイト、運営者が語った手法」などによると、サイトは「大韓民国民間報道」との名称で、失業中の二五歳男性が小遣

写真9　デマサイトによるフェイクニュース①
（「嫌韓デマサイト」のケース）

い稼ぎのため同中旬に開設した。

すべて自作のフェイクニュースだが、サイトの説明には「日本で知られているニュースは韓国で報道されている一％だけ。日本に出ていないニュースをかき集めて伝えます」とのメッセージが書き込まれていた。フェイクニュースとの断りはもちろんない。

ツイッターやフェイスブック（ＦＢ）で拡散され、閲覧は七万八〇〇〇件に達した。なぜ、韓国ネタを選んだのか。運営者は、「韓国ネタは日本のネット上で頻繁にやり取りされている情報で拡散力が高い」「国外の話題であれば、告訴されにくい（と考えた）」などと語っている。

冒頭の韓国へイト情報は、「在日特権

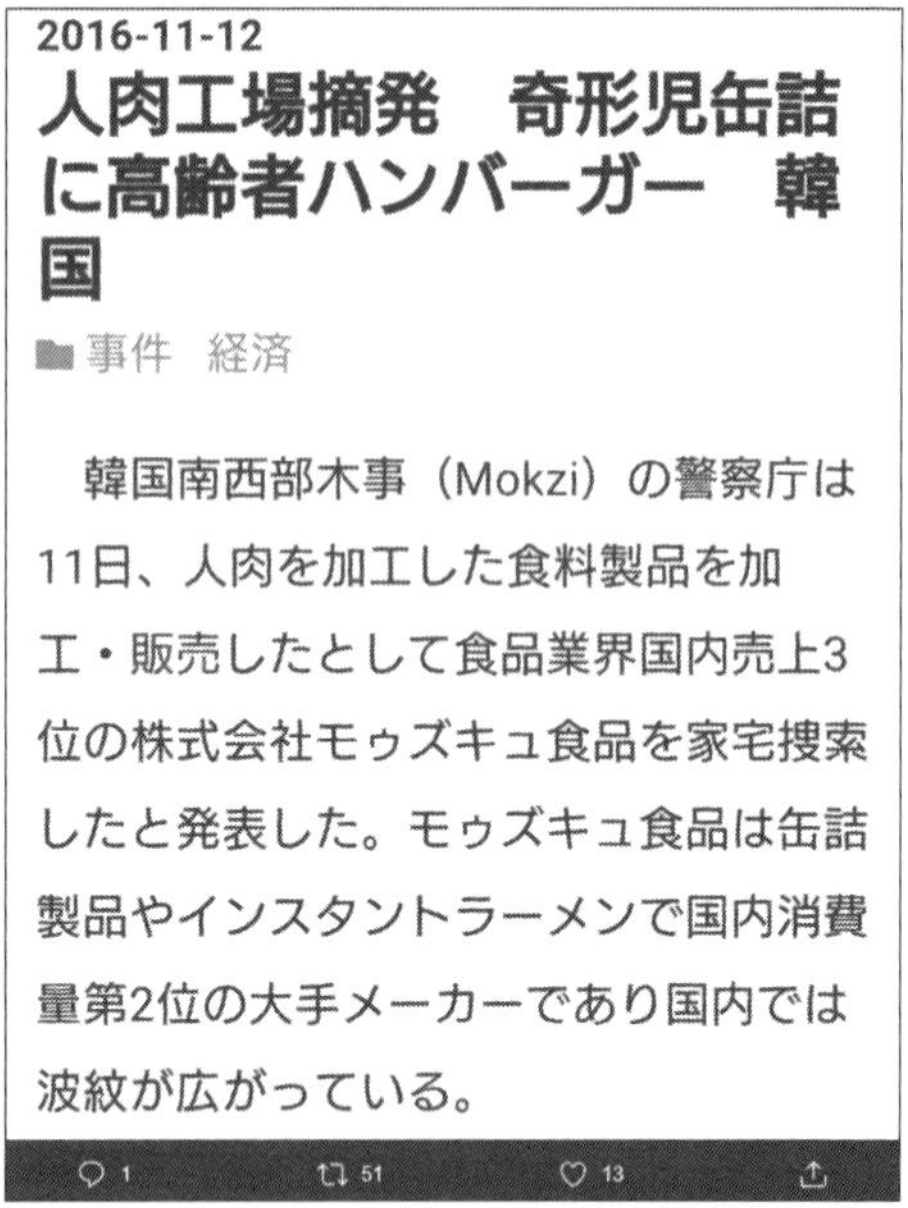
2016-11-12

人肉工場摘発　奇形児缶詰に高齢者ハンバーガー　韓国

事件　経済

韓国南西部木事（Mokzi）の警察庁は11日、人肉を加工した食料製品を加工・販売したとして食品業界国内売上3位の株式会社モゥズキュ食品を家宅捜索したと発表した。モゥズキュ食品は缶詰製品やインスタントラーメンで国内消費量第2位の大手メーカーであり国内では波紋が広がっている。

写真10　デマサイトによるフェイクニュース②
（広告料目当てのサイトのケース）

を許さない市民の会（在特会）」の桜井誠元会長らの目に留まり、ツイッターなどで拡散された。フォロワーからは、「これってウソ記事」「このサイトのニュース、全般的に信憑性が怪しいんですが」との書き込みがあった。

(7) ヘイトスピーチ

▼沖縄フェイク

日本新聞協会賞を四度受賞した沖縄を代表する地元紙琉球新報が二〇一七年一〇月に『これだけは知っておきたい――沖縄フェイク（偽）の見破り方』を出版した。同書が象徴するように、沖縄の関連ではフェイクニュースがとにかく多い。筆者も目を通し、自分に至らなかったことがあったことを反省したほどである。

同書によると、二〇一六年三月公表の帝国書院の高校用教科書『新現代社会』で「沖縄県内の経済が基地に依存している度合いはきわめて高い」と記述されている。だが、その割合はわずか五％台で別段高いわけではない。

ネット上で、「米軍基地が沖縄経済に好影響を与えている」との見方が流布していることはよく知られている。同書によると、これも事実とは異なる。名護市辺野古地区への移転が争点となっている普天間基地を抱える宜野湾市だと、一般歳入に占める基地関係収入は三％台。基地で働く日本人の割合は市の〇・六％で、返還後の跡地利用で収入、雇用も数十倍になるとの試算がある。沖縄フェイクは確かに少なくない。

放送に対する苦情や放送倫理の問題のために対応する放送倫理・番組向上機構（ＢＰＯ）が調査した、東京ＭＸテレビの番組『ニュース女子』が二〇一七年一月に取り上げた沖縄基地反対運動もその一つ。放送の流した「（基地反対派が）救急車を止めて現場に急行できない事態が続いていた」「抗議活動に対する手当として日当をもらっていた」などが焦点となった。

事実関係を調査した結果、ＢＰＯの放送倫理検証委員会は、同一二月に「重大な放送倫理違反があった」との意見を公表した。

弁護士でもある川端和治委員長は、「放送してはならないものが放送された」と指摘。ＭＸ側が「事実関係において捏造、虚偽は認められない」との判断を示したことについて検証委は、「判断は誤っていた。放送倫理上の問題を真摯に検証したとは言い難い」と厳しく批判した。

なぜフェイク満載の番組をＭＸは放送したのか。それは、番組が化粧品大手のディーエイチシーのグループ企業「DHCシアター（現DHCテレビジョン）」が取材・制作した〝持ち込み番組〟であり、編集作業を終えた映像をMXの担当者が考査せず、内容の裏付けを制作会社に確認していなかったためである。

DHC側は、検証委に書面で「反対運動関係者らに直接取材せず、伝聞などをもとにした」と回答した。取材せず、伝聞であればキュレーションサイトのように無責任な情報となるのは避けられない。

MXが報じた番組の中での根拠に乏しい出演者の発言は、前出の琉球新報社編集局編著『これだけは知っておきたい』に詳しい。「テロリストみたいだ」「韓国人はいるわ、中国人はいるわ、なんでこんなやつらが反対運動をやっているんだと地元の人は怒り心頭」「大多数の人が米軍基地に反対とは聞いたことがない」などが放送された。いずれも意図的に曲解し、沖縄に対する憎悪や中傷を込めた言葉をまき散らすいわゆる〝沖縄ヘイト〟である。

▼地元紙叩き

二つ目はこれも「沖縄ヘイト」絡みに色分けされるであろう。新基地反対を主張する沖縄地元二紙を叩く報道の中で発生した。当事者は産経新聞で、冒頭の安倍首相逮捕の号外で被害者だったのが一転して今度は加害者となった。

記事は二〇一七年一二月八日に発生した沖縄県内の車六台の絡む交通事故関連で、産経は車から日本人を救助した在沖縄の米海兵隊曹長が後続車にはねられ、重体となったと報道。これに関連して産経は、地元紙の沖縄タイムス、琉球新報が米兵の日本人救助を報じておらず、「報道機関を名乗る資格はない。日本人として恥だ」と手厳しく批判した。

産経はその後もこうした報道を続け、同一二日朝刊の「日本人を救った米兵　沖縄二紙は黙殺」の記事で改めて、二紙は「日本人救出の事実に触れていない」などと指弾した。

ところが、三カ月後の一八年二月八日付朝刊で一転する。産経は「沖縄米兵の救出報道のおわびと削除」のタイトルの謝罪記事と、同事故の検証記事を掲載。報じた事実は確認されず、同時に「行きすぎた表現があった」との乾正人編集局長の談話入りで、前年一二月の記事の削除を表明。同時に沖縄地元紙二紙と読者に謝罪した。

これは新聞には決してはあってはならない誤報であり、同紙がその記者指針の中で掲げる「報道は正確かつ公正」からも逸脱している。

なぜ、こうした誤報が掲載されてしまったのか。乾局長は「県警への取材を怠るなど事実関係の確認作業が不十分」「沖縄二紙に対する行きすぎた表現があったのにもかかわらず、社内で十分なチェックも受けずに産経ニュースに配信、掲載した」などと釈明している。

検証記事などによると、執筆した記者は事故で日本人を救出したとする曹長の行動がネット上で称賛されていることを知り、これをきっかけに取材を開始。曹長大人のフェイスブックや米NBCテレビの報道などを確認した。米海兵隊にも取材したが、交通事故の処理に当たった沖縄県警には取材しておらず、これが命取りになった。

なぜこうした初歩的なミスをしたのか。ヤフーニュースが二〇一八年二月一五日付で掲載したジャーナリスト江川紹子さんによる「産経新聞はなぜ間違ったのか――沖縄メディアを叩いた誤報の真の理由」の記事の中で、高木桂一支局長が「根本のところで間違ったのではないか」と指摘している。

つまり、支局長がネタ元にしたと思われる、沖縄出身国会議員候補のフェイスブックの書き込みに骨格となる①海兵隊員が日本人を救出、②沖縄の新聞が報じないことに対する怒り――の要素が含まれていた。

同候補は産経の紙面にも登場したことのある人物で、信頼感もあり、わざわざ事実確認をする必要も感じなかったのではないかと指摘する江川さんは、「いくら旧知のあるいは、よく知られた人の情報でもその源はうわさ話や真偽不明のネット情報かもしれない。書きたい内容であればあるほど事実の確認は大切だということを今回の高木記者の失敗は示している」と解説している。

もっとも、誤った美談だけであれば、単なる誤報ですんだのだろう。最大の間違いは、これに乗じて沖縄二紙を罵倒したことに尽きる。江川さんは、「厳しい言い方をすれば、不幸な事故も美談もそのためのネタでしかなかった」「何のために報じるのか。誰のために記事を書くのか。その根本のところで高木記者は誤ったのではないか」「もっぱら沖縄二紙を叩いて溜飲を下げ、その〝偏向ぶり〟をあげつらってメディアとして信頼を失わせることを目的として書いたもののようにみえる。ここには、何ら公共性も公益性も感じられない」とも語っている。

フェイクニュースは存在自体が深刻な問題である。もっとも現段階では、欧米にみられる政治目的をもくろむプロパガンダ（政治宣伝）色は薄く、民主主義の土台を揺るがすほどまでには至っていない。だが、海外のように、国の帰趨を左右する重大な局面でフェイクニュースが流れ、揺さぶり、由々しい事態に陥る可能性は排除できない。今後そうした情況が来るかもしれない。

安倍首相の積極的な憲法改正の国民投票が現実化した場合に、それに関連したフェイクニュースが、かつてない規模で広範囲に飛び交う可能性が指摘されている。その時のために、フェイクニュースかどうか判断するメディアリテラシー力を身に付けておくことが肝要だろう。

さらには、田母神都知事候補のフェイクニュースで指摘したように、いくら知名度の高い人物の情報でも、事実とはかけ離れたフェイク情報が含まれていることも多々ある。安易に信じ込まず、自らでその真偽を確かめることが大事なことを示す格好のモデルケースでもある。

2 海外のケース

愉快犯の目立つ国内のフェイク（偽）ニュースに対し、海外はやや異なってくる。ある種の政治目的で国家が介在し、相手国を揺さぶるプロパガンダ（政治宣伝）の色彩を帯びてくるケースもある。いくつか紹介しよう。

(1)トランプ大統領の誕生

代表的なケースが二〇一六年一一月の米大統領選でのドナルド・トランプの選出や、二〇一七年五月の仏大統領選、さらには欧州連合（ＥＵ）からの離脱の是非を問うた二〇一六年四月の英国民投票前に飛び交ったフェイクニュースであろう。いずれも未曽有の衝撃と混乱をその国に招いたばかりか金融市場を含めて世界を大きく揺さぶった。

トランプ大統領が二〇一七年一月、米国の第四五代大統領に就任したのはご存知の通り。一九四六年六月一四日生まれだから就任当時七一歳。四〇代で大統領に就任した一九六一年八月生まれの前任のバラク・オバマより一五歳年長で、歴代大統領としては高齢の部類に入る。

世界がフェイクニュースに翻弄される予兆は、同就任の一年前くらいからあった。それはヘイトスピーチ、人種差別など、ある種の政治的目的を達成するためにデマを流すプロパガンダの動きが背景にあったことと無縁ではない。

Pablo J. Boczkowski & Zizi Papacharissi 編著『Trump and the media（トランプ大統領とメディア）』は、悪い意味で注目を集めたフェイクニュースの筆頭として、米大統領選真っ最中の二〇一六年七月上旬にネット上に登場した「Pope Francis Shocks World, Endorses Donald Trump for President（フランシス・ローマ法王がドナルド・トランプ候補の大統領を支持、世界に衝撃）」と指摘している。

フェイクニュースに詳しい朝日新聞記者平和博著『信じてはいけない――民主主義を壊すフェイクニュースの正体』は、この背景を詳しく解説している。

ローマ法王トランプ支持のツイートを配信したのは、フェイクサイトの「WTOE5ニュース」。サイトの説明には、「空想のニュースサイトで記事の大半は風刺、純粋な空想」と堂々とただし書きがあった。もっとも、ネットユーザーらがこうしたただし書きを確認するのはまれである。

案の定、驚天動地のこのフェイクニュースに触れた読者は、真偽のほども確認せず、瞬間湯沸かし器のように反応し、ネット上にこれを拡散させた。この結果、配信後フェイスブック（FB）だけで共有数七〇〇〇件、三日後には四万件を超えるビッグヒットとなった。最終的には一〇万人がシェアしたとも言われている。

さらに、このニュースは、三億二六〇〇万人の米国人のうち四割か日常的に閲覧していると言われるFBを通じてさらに拡散された。

実は、記事は米ファクトチェックサイトが検証し、ウソだと判定した。にもかかわらず広範囲に拡散したのは、ウソだらけというサイトの特徴が知られていなかったほか、ネットユーザーには①情報があふれ、真実かどうか確認する時間がない、②事実を否定されても自分の感情に沿っていれば、ウソと受け取らないポスト・トゥルース（真実）的傾向が顕著になっている、③虚偽とわかってもこれを意に介さないいわゆるバックファイアー効果——などがあったと指摘できる。

さらには、設定したキーワードに反応して自動的にSNS上に拡散させるアプリ「ボット」の効果などがある。ボットをトランプ支持のキーワードに反応してツイートを繰り返すように設定しておけば、書き込みの拡散を幾何級数的に拡大させることができる。ボットやバックファイアー効果については詳細を後述する。

法王のトランプ支持と並んで知られているのが、ワシントンで二〇一六年一二月に発生したいわゆる「ピザゲート事件」である。「ピザ店を拠点に児童買春が行われており、大統領候補のヒラリーが関与している」との事実無根のネット上の書き込みを真に受けた売れない俳優が突如、使命感に目覚め、完全武装姿でピザ店を急襲、発砲事件を起こした。だが、当然のように買春組織や子供たちはどこにも見当たらなかったのである。

Pope Francis Shocks World, Endorses Donald Trump for President

Image via Wikipedia

写真11　ローマ法王がドナルド・トランプ候補支持」と報じたフェイクニュース

同ニュースは、同六月頃からツイッターや米国の書き込み掲示版「4Chan」などへ流れ、フェイクニュースサイトにまとめられていた。この拡散にもボットが関係していたようだ。

ツイッターのフォロワーが二〇〇〇万人超の米トランプ大統領の二〇一七年一月の就任後は、本人がフェイクニュースの震源と化した。

直後に焦点となったのは就任式の観客数だった。二五万人とするメディアの報道に対して「一〇〇万人か一二五万人はいた」と反論。報道陣が就任式のガラガラの様子を示す当日の空撮写真を示したが頑として認めず、大統領顧問は、「Alternative fact（もう一つの真実がある）」とうそぶいた。

第1章で触れたように、「フェイクニュース」と連呼し続ける大統領が、ニューヨーク・タイムズ紙やCNNを筆頭にメディアと対立する情況が現在まで続いている。フェイクニュースの定義はこのあたりから、大統領を念頭に「自分に都合の悪いニュース」の意味も含まれ始めた。

事実誤認の発言は山ほどある。就任演説で米国の暴力犯罪増加を取り上げた新大統領に対し、USAトゥデー紙は「一五年の暴力犯罪はピーク時の半分以下になった」とその誤りを指摘した。米メディアは虚偽と判明した大統領の「ウソ」をファクトチェックの形で発信し続けている。

興味深いのは米ワシントン・ポスト紙が、二〇一九年一月二一日付の電子版で指摘した事実である。大統領が就任後の二年間で、八一五八件の虚偽ないしはミスリードする発言を確認したとする記事を掲載した。一年目は一日当たり五・九件だったが、二年目にはこれが約三倍の同一六・五回にアップした。一日もウソをつかなかったのは二年間で八二日しかなく、その多くはゴルフをしていた時だった。

トランプ政権の内幕を描いたマイケル・ウォルフ著『炎と怒り』には、トランプ大統領の性格分析があちこちに登場する。フェイクニュースを連呼する理由に該当するのが、「良心のやましさがない」「傷心や恨みや怒りといった感情をコントロールできずにそのまま表に出してしまう」

「思い付きでものを言う性格、事実を曲げても気にしない」「本能のままに生き、甘やかされて育ったスター俳優」「実にでたらめで、知識に乏しく、気まぐれにさえみえた」などである。

(2)仏大統領選でロシア介入か

二〇一七年四月から五月にかけて実施された仏大統領選もフェイクニュースに翻弄された。大統領選は、有効投票総数の過半数を占める候補がいない場合は、上位二人による決選選挙を二週間後に実施する。四月の第一回選挙で二四％を確保した「前進」創設の前経済相エマニュエル・マクロンと、二位で二一％を確保した極右の国民戦線党首のマリーヌ・ル・ペンの間の一騎打ちとなった。

親ロシアのル・ペンは、フランスの繁栄を唱え、自国通貨フランへの復帰、欧州連合（ＥＵ）からの離脱、難民・移民の規制などのポピュリズム的手法で人気を集めていた。これに対しマクロンはＥＵ支持を訴え続け、正面から激突した。

フェイクニュースの洗礼を複数回受けたのは、当選したマクロンだった。深刻だったのは、帰趨を決する決選選挙の四日前に、米ネット掲示板に匿名によるＰＤＦファイルのアドレスが掲載された。その内容は、二〇一七年のパナマ文書などで明らかになった世界の富豪の脱税の温床となっているカリブ海のタックスヘイブン（租税回避地）に、マクロンがペーパーカンパニーや銀行口座を持っていることを示す文書だった。事実であれば、大規模な脱税への発展を匂わす大スキャンダルである。しかも、二人による公開討論が始まる二時間前という絶妙な時間だった。

この情報は、ル・ペン支持の米国の右派系サイトを通じて瞬時に拡散した。ル・ペンは公開討論で文書について触れ、マクロンに揺さぶりを掛けた。ところがこれは真っ赤な偽物だったのである。仏高級紙ルモンドなどで組織されるファクトチェックプロジェクトによって、これが捏造された文書であることが二日後に認定された。

選挙戦で高い支持率を誇っていたマクロンは、二月にもロシアのメディアから同性愛疑惑を報道され、同陣営は「選挙を妨害する目的で虚偽情報を拡散している」（AFP通信）と非難した。報道したのはロシア政府のハイブリッド戦争でのプロパガンダ（政治宣伝）の一翼を担うメディアとして知られる「Russia Today（今日のロシア）」と「スプートニク」だった。

同じ頃、サウジアラビアがマクロンに資金支援しているとの真偽の定かでないニュースがネット上に流布した。これを対立候補のル・ペンの姪などが、「マクロンの選挙運動費用の三〇%をサウジアラビアが提供している。公開すべきだ」との書き込みとともに拡散させた。英BBCは三月に、この記事をフェイクニュースと断定した。いずれも、ロシア政府の関与が有力視されているから、極めて厄介である。ロシアの関与疑惑は後述する。

(3) 英EU離脱の国民投票でも

英国は、欧州連合（EU）から二〇一九年三月末に離脱する段取りである。その期限が迫り、合意なき離脱となった場合、経済的ダメージがあまりにも大きすぎることから延期の可能性が急速に高まっている。国民投票の再実施、EU離脱の撤回を含めてその行方が注目されている。

これは、当時のデビット・キャメロン首相が、「間違ってもEU離脱はないだろう」と高をくくって踏み切った二〇一七年六月の国民投票の結果である。国会議員の射殺にまで発展した残留派、離脱派間の熾烈な戦いの末、国民は僅差で離脱を選択した。この判断に大きな影響を及ぼしたのがフェイクニュースや嘘の情報であった。

背景には誇り高きジョン・ブル、英国民の根強い伝統的とも言えるEUに対する不信がある。在ブリュッセルのEU官僚に各種権限が握られ、英国は主権を失いつつあるとの漠々たる不満、さらには汗水たらして働いた自分たちのカネがギリシャなど一部の怠け者に使われているとの怒りもあった。〝アラブの春〟の影響で、怒濤のように押し寄せるアフリカ、中東などからの難民にも一抹の不安を感じていたのだろう。

離脱派はフェイクニュース・情報を意図的に流して不安をあおった。離脱で生じる負の影響は計り知れないとする残留派に対し、離脱派は週三億五〇〇〇万ポンド（約五二〇億円）に達する

ＥＵへの拠出金を英国民保健サービス（ＮＨＳ）に振り向ければ、充実した福祉を享受できると反論。「英国を国民の手に取り戻そう」などと主張していた。

だが、実はそれも根拠のない数字で、強硬離脱派のナイジェル・ファラージ英国民党の党首（当時）は離脱の結果が出た投票直後に党首を辞任し、主張してきた拠出金の額は間違っていた、つまりフェイクだったことを認め、「無責任」との厳しい批判を浴びた。

さらに、強硬な移民制限を主張していた離脱派は、決定後に「移民がゼロになるわけではない」「少し管理ができるようになるだけ」とこれまた発言を大きく後退させた。つまりフェイク情報だったのである。

相次ぐこうした発言修正に英国民は不信感を募らせ、国民投票を再度実施するように求める直後の署名運動に三五〇万人以上が集まった。だが、覆水盆に返らず。国民投票で一度決まった結果を覆すのは至難の業である。

ロシアからの介入もあった模様だ。英ガーディアン紙は、英エディンバラ大学の調査として、ツイッター上に四〇〇超の偽アカウントが作成され、英離脱を呼び掛ける三五〇〇回の投稿が一斉になされたと報道した。

英国独特の事情として、フェイクニュースと紙一重のセンセーショナルな報道を長年続け、大衆を扇動してきたタブロイド紙を考慮に入れる必要がある。事実かどうかは問わずに、掲載された記事によって部数が掃ければ大きな問題ではないとする伝統的な無責任体質がある。

大衆紙では最大の発行部数を誇るサン紙が、国民投票直前に「女王陛下が離脱を支持」とド派手な大見出しを掲げて一面をつぶして報道。デーリー・エクスプレス紙は「本日の投票では離脱を」とやはり一面で読者に呼び掛けた。女王陛下の支持発言は、その後フェイクニュースだったことが判明している。

THE Sun
EXCLUSIVE
Madonna meltdown over Rocco
SEE PAGE 7
WIN £50k HOME MAKEOVER
BRITAIN'S BEST-SELLING PAPER
EXCLUSIVE: BOMBSHELL CLAIM OVER EUROPE VOTE
QUEEN BACKS BREXIT
By TOM NEWTON DUNN, Political Editor
EU going in wrong direction, she says

写真12　「英エリザベス女王陛下がEU離脱を支持」と報じたフェイクニュース

この時、英タブロイド紙は、右へ倣いで愛国報道に徹した。デーリー・メール紙も投票直前に「英国を信じるなら離脱に投票しよう」とこれまた一面トップで掲載。保守系のデーリー・テレグラフ紙も、「離脱で英国を窒息死させるEU官僚主義を断ち切れ」などのセンセーショナルな見出し。ロンドン在住のジャーナ

リストである小林恭子さんは、「メール紙を筆頭に保守系メディアによる（EU離脱）キャンペーンがなかったなら実現していなかったかもしれない」と振り返っている。

反大陸の機運の支配的な英国では、もともとEUについてデマや誤解が少なくない。筆者が調査で英国を訪れた際の二〇一七年五月に、時事通信社の鶴田秀明ロンドン特派員は「EUが過度に曲がったバナナを販売禁止にした」などの記事は反EUの大衆紙が創作し、政治家、活動家、評論家が好んで使うウソや言いがかりの典型であると解説してくれた。プロの記者による捏造である。驚いたことに、これを真に受けた日本の在ロンドン特派員が東京本社へそうした内容の記事を送付し、紙面に掲載されるケースもあるようだ。

では、こうした食品の規格はないのかというとそうではない。もともと国際的に決められた国連の専門機関世界食糧機関（FAO）が決めたコーデックス規格がある。だから、フェイクニュースは、半分ウソで半分本当なのである。

「EUは吸引力の高い掃除機の販売を禁止した」。これも英大衆紙が捏造したデマの一つ。国民投票前に「掃除機の吸引力、バナナの形を指示するEUは間違っている」と、さも事実であるかのように主張し続けた。一般紙が、移民の数を三倍近く膨らまして報道し、危機感をあおるケースもあった。

離脱決定後に外相に就任し、その後辞任した離脱強硬派でその旗振り役となったボリス・ジョンソン前ロンドン市長は、こうした主張をばらまく扇動家だったということになる。

発行部数が一般紙よりはるかに多いだけに、英国民の判断をかき乱す大衆紙のフェイクニュースに翻弄された国民投票とも総括できるのではないだろうか。

(4) ドイツ、ウクライナ、バルト三国

ドイツは、二〇一七年一〇月より、利用者が二〇〇万人以上のフェイスブックなどのSNSのサイトからフェイクニュースやヘイトスピーチを迅速に削除することを盛り込んだ「SNSにおける法執行を改善するための法（SNS法）」を実施した。最高五〇〇〇万ユーロ（約六二億円）の罰金を義務付けている。きっかけは、二〇一六年に多発したロシアによる米大統領選への介入などである。

ドイツでは同一月、一三歳のロシア系少女が中東系の男性たちに暴行されたとするウソの証言で大騒ぎになった。警察はこの少女を探し出し、暴行の事実はなかったと否定したものの、ネット上には「移民によるレイプ」との情報があふれた。

ロシア系テレビが強姦と報道、少女の親戚とされる男性の「警察は隠している」との発言を流したこともあり、ドイツ各地でデモが発生。難民を受け入れる政府への批判が渦巻いた。この件についてドイツの情報機関は、「ロシアの偽情報工作は、社会を分断し、当局やメディアの信頼

を失墜させるのが狙い」と解説した。

やや古くなるが、当時の政権がＥＵ加盟申請を棚上げしたことを契機に始まった二〇一四年のウクライナ危機では、ロシアからの激しいフェイクニュース攻撃がウクライナに浴びせられた。加盟申請の凍結表明に対し野党が反発。この支持者らが首都キエフ中心部の独立広場を占拠し、治安部隊と衝突、同三月に政権が崩壊した。一方、所属不明の部隊がクリミア半島の二空港を制圧、実効支配を固め、親ロシア派による国民投票が同月に実施されてロシアへの編入が承認され、ロシアとのクリミア編入条約を調印した。

在欧州のジャーナリスト福田直子著の『デジタル・ポピュリズム――操作される世論と民主主義』は、同危機でロシアが採用したフェイクニュース戦術を紹介している。

ロシア系プロパガンダとして知られるＲＴ（Russia Today）、スプートニク、ＳＮＳが「ファシストたちが（キエフに）侵入して蛮行を働いている」としてキエフ市民に脱出を勧めるフェイクニュースをまず拡散。メッセージはクリミア半島のロシア人らにも届き、「キエフで西ウクライナの兵士がロシアの幼児を捕まえて刺し殺し、木製の板に張り付けた」との残忍な内容や、「クリミア半島から数千人の住民がロシアへ避難している」というフェイクニュースもあった。

この目的について福田は、「ロシア系市民に対する迫害の情報を流すことでウクライナ国内の世論の分断をもくろんだ」と分析している。

その後クリミアでは、市民を守るためと称して所属不明の戦車が突然、街頭に現れ、直後にロシア編入につながる国民投票が実施された。ロシアはその後も手を緩めずにウクライナへサイバー攻撃を続け、クリスマス前の二〇一五年一二月二三日に電力会社のコンピュータが乗っ取られ、まる二日間停電した。

先進的なＩＴ国家として世界的に知られるエストニアを含むバルト三国はどうか。エストニアは、二〇〇七年にロシアからとみられるサイバー攻撃で、国家機能が数時間寸断したことが知られている。第二次世界大戦中にナチス・ドイツの迫害を恐れたユダヤ人に日本通過のビザを発行し、多くのユダヤ人を救った外交官の杉原千畝が勤務していたことでも知られるリトアニアの議会の議長に二〇一七年二月、一通の不審なメールが届いた。内容は、ウクライナ危機を受けて一月から駐留しているＮＡＴＯ（北大西洋条約機構）のドイツ兵がリトアニアの少女を暴行したことを匂わす内容であった。メールには独軍の駐留地に近い現場の住所や、少女が児童施設に住んでいることなどが具体的に記述されており、警察は直ちに捜査に乗り出した。だが、被害の事実はなく、フェイク情報だったことが判明。当局はドイツとリトアニアの分断を狙ったロシアによる情報工作の一環と断定した。

リトアニアは年間五万件に上るサイバー攻撃を受けており、二〇一五年二月にはテレビ番組の世論調査がロシアに好意的な内容に改ざんされたことがある。高まるロシアからの脅威を受けてリトアニアは、エストニアを参考に徴兵制を同年に復活させ、軍事費を拡充させている。

(5) 北朝鮮

「ソウルを火の海に」「全面戦争で対応する」などと誇大妄想的な情報発信が続く北朝鮮の国営メディア。フェイクニュースと直ちに決め付けるわけにはいかないか、そうした決意があるということだろうか。

北朝鮮情勢に詳しい東京新聞の五味洋治記者の著書『金正恩――狂気と孤独の独裁者のすべて』によると、最高指導者として君臨する金正恩朝鮮労働党委員長のトップ就任が決まった二〇〇九年当時、新委員長像を伝える情報が北朝鮮から流れたことがある。

それは、「大将金正恩同志の偉大性教養資料」とのタイトルだった。内容を一部紹介すると①三歳の時から銃を持ち、自動銃で一秒当たり三発射撃し一〇〇メートル先の電灯や瓶に命中させた、②八歳になる年には誕生日前に大型トラックを運転し、曲がりくねったでこぼこ道を時速一二〇キロで走り、目的地まで無事着いた、③できない体育種目はなく、世界常識、健康常識に至るまで熟知していた、④一〇代で古今東西の名将をすべて把握し、陸海空の全分野に精通した、⑤英・独・仏・伊語の四カ国語を完全に習得し、今後、計七カ国語をマスターするために勉強している――など。

五味は、『スーパーマン並みに誇張された』「あまりに若いゆえに、カリスマ性を強烈に宣伝する必要があったのだろう」などと分析している。絶大な権限を持つ委員長に楯突けば粛清に繋がるだけに、こうした委員長像を疑問視する声などはもともとありえないのだろう。

第3章　定義と分類

フェイク（偽）ニュースの飛び交う昨今のサイバー空間。事実とは異なるウソの情報、あるいは最近のフェイクニュースに匹敵する知らせは有史以来間違いなくあった。それは、流言蜚語、デマの一種であり、市民の願望を反映したのかもしれない。

よく知られているのが、鎌倉幕府の誕生に多大な功績のあった源義経が生き延び、モンゴル帝国を創設したというチンギスハーン伝説だろうか。人気の高さからか、鎌倉幕府の実権を握る兄の源頼朝に疎んじられ、奥州藤原氏を頼って逃亡したものの、裏切りにあって自害した。だが実は、大陸へ渡り東西にわたる一大帝国を築き上げたチンギスハーンが、義経というのである。荒唐無稽にも思われるが、判官びいきが高じた観もある。

大阪大学名誉教授の猪飼隆明著『西郷隆盛——西南戦争への道』によると、西南戦争で敗れ、故郷の鹿児島・城山で一八七七年九月に亡くなった西郷隆盛の軍服姿が、地球に接近して輝いていた火星に見えたといううわさが当時の新聞などに掲載され、大騒ぎになったこともあった。たわいもない英雄待望論の一つであろう。

一九二三年の関東大震災では、「混乱に乗じて朝鮮人が放火」「井戸に毒を投げ込んでいる」などのうわさが流れ、攻撃に対処するため各地で自警団が組織され、それが朝鮮人の虐殺事件へと発展した。二〇一一年の東日本大震災では「コスモ石油の火災により有害物質を含んだ雨が降る」といったデマが拡散され、騒ぎになったことが記憶に新しい。

1　定義

英公共放送ＢＢＣは自身のウェブサイトで、フェイクニュースを「故意に配布された事実に反した情報、通常、政治的あるいは営利が目的。それ以外では出来事や主張、ニュース報道を否定する包括的な言葉」と規定している。

「二〇一六年の言葉」にフェイクニュースを選んだオーストラリアのマッコーリー辞典は、「政治的な目的やウェブサイトの利用（traffic）を増やすために、サイトに掲載される偽情報やでっち上げ（hoaxes）」「ソーシャルメディアで伝えられる誤った情報」と記している。

一年後、「二〇一七年の言葉」にフェイクニュースを選んだ英コリンズ英語辞典は「ニュース報道のふりをして広まる事実に反するたいてい扇情的な（sensational）情報」である。

東京新聞は、二〇一七年一〇月のフェイクニュース特集で「基本的には虚偽、捏造、偏向、デマ、誹謗中傷などを指すが線引きの定義は難しい」と指摘している。

この分野が専門の法政大学准教授の藤代裕之は、フェイクニュースは政治的な話題に関連して報道される以外に、東日本大震災でのコスモ石油の火事、熊本地震でライオンが動物園から逃げたといったデマも含まれるが、うわさとの境界が曖昧なほか、誇張した見出しを付けてアクセス数を稼ぐ〝釣りタイトル〟などもその一つとして挙げている。さらには受け手に都合の悪いニュースという意味にも拡大されている、とも語っている。

元NHK記者の立岩陽一郎は、自著『ファクトチェックとは何か』（岩波書店）の中で、概念自体が非常に曖昧で要注意と前置きした上で、「単なる誤情報ではなく、意図的な虚偽情報、捏造という意味が含まれている」「ただ、根拠が定かでない情報を含めて使われることがある」とも指摘している。

以上のことからわかるように、事実ではない偽ニュースがフェイクニュースである。ただし、意図的か、営利あるいは政治目的なのかでやや開きがある。英BBCや藤代准教授が指摘するように、自分に不利なニュース、情報を否定する意味も最近では含まれ始めた。ここでは、フェイクニュースへの理解を深めるため過去に発信された誤報、虚偽情報、デマ、誹謗中傷、口コミなどについて簡単に触れておこう。

2　虚偽情報とプロパガンダ

メディア史を学ぶと、「言論の自由」は市民が絶対王政などの権力との奮闘の末にやっと獲得した成果であることがわかる。象徴的な例が、一七世紀の英国の市民革命であろう。チャールズ一世と議会が激突した同前半に始まった清教徒革命は、専制政治に対する自由を獲得するための市民の闘いであった。一一年ぶりに開催された議会で、言論活動に対する事実上の検閲機関となっていた星室庁の廃止を勝ち取り、国王の処刑で共和制が実現した。

王政復古となった一六八八年の名誉革命では、人民の生命、財産の保護や言論・新聞の自由の保障を盛り込んだ「権利の章典」を議会が制定し、立憲王政が確立された。これに盛り込まれた「言論の自由」は、一七七六年の米独立宣言や一七八九年の仏革命などに影響を及ぼし、米憲法修正条項や仏人権宣言に反映されている。日本国憲法の第一九条「思想及び良心の自由」、第二〇条「信教の自由」、第二一条「集会・結社・表現の自由」などもほぼ同じ趣旨である。

では、その直後から各国の市民が「言論の自由」を享受できたのかと言えば、必ずしもそうでもない。日本を例にとると、大日本帝国憲法第二九条で言論、出版、集会、結社の自由は保障されていた。だがそれは、法律の範囲の中とのただし書きが付いていた。治安維持法（一九二五年）改正などで、市民の各種自由はいとも簡単に吹き飛んでしまったのである。

メディアの検閲は、戦前内務相の権限で主に内務省が所管していた。数が多く地域・地方ごとに発行される新聞は、都道府県警の特高警察部門が内務省と連携し実施していた。政府の情報は特に、戦時中はプロパガンダにまみれていた。ほとんどが市民を洗脳・操作する謀略色の濃い、ウソ同然のフェイクニュースだったことはよく知られている。

心理学者ジークムント・フロイトの甥で、世界で初めてプロパガンダ（政治宣伝）の実践者となったエドワード・バーネイズ著の『プロパガンダ』では、第一次世界大戦で英・米・独が史上初めて使った戦時宣伝（War Propaganda）について、「交戦国の国民をことさら悪者のように描く宣伝行為が、双方の政府や戦争指導者によって行われた。この時、敵国への怒りを掻き立て、自国民を団結させるために誤ったイメージを植え付ける系統だった活動が行われた」と解説している。日本の大本営発表もその延長戦上にある。

(1) 大本営発表

先の太平洋戦争時に日本軍の戦果、戦況を発表した大本営発表が、戦意高揚などある種の政治的な目的を持ち、一般大衆をコントロールするプロパガンダだったことはよく知られている。だが、すべてが虚偽であったわけではない。

大本営はその起源を、日清戦争の前年の一八九三（明治二六）年の戦時大本営条例にさかのぼる。大本営は、戦時に天皇が国事を指揮する最高の統帥機関で、陸軍の参謀本部と海軍の軍令部が総合的に戦略などを練り、作戦行動の発令のため日清・日露戦争で設けられた。日中戦争が始まると新たに大本営令が制定され、戦争よりランクが下の〝事変〟でも設置が可能となった。

歴史家の保坂正康は、著書の『大本営発表という権力』の中で、同発表について「太平洋戦争の期間、陸軍・海軍の統帥機関である大本営が国民に向けて発表した戦況報告」とし、その内容は、「権力による虚偽、誇張、隠蔽の比喩として用いられることになった」「都合のいいことのみ発表し、都合の悪いところをすべて隠してしまうという意味」と語っている。

大本営発表は、一九四一（昭和一六）年一二月八日午前六時に大本営陸海軍部が発表した「帝国陸海軍は今八日未明西太平洋において米英軍と戦闘状態に入れり」を初回に、降伏文書の署名までの三年九カ月間に八四六回あった。二日に一回ペースである。

その特徴について保阪は「戦況が良好な時は、（中略）国民の精神を鼓舞」「新聞紙面では（中略）日本軍を自賛」「この時は、事実が忠実に伝えられている」と分析。だが戦況の悪化で「虚偽や誇張が増え、それさえ通じなくなると発表それ自体をやめてしまう」と指摘。

その最後が、一九四五（昭和二〇）年八月一四日の「我が航空部隊は八月一三日午後鹿島灘東方二五海里（四六・三キロ）に於いて航空母艦四隻を基幹とする敵機動部隊の一群を捕捉攻撃し航空母艦及巡洋艦各一隻を大破炎上」で、これもフェイクニュースだったことは論を待たないであろう。天皇が登場した玉音放送の翌八月一五日に大本営は、戦争の終結さえも発表していない。保阪は、「国民を愚弄しているこの無責任さにこそ大本営発表の本質がある」と論評している。

転機は、戦史上まれにみる米軍の一方的な勝利で終わった一九四二年六月のミッドウェー海戦である。航空母艦四隻（加賀、赤城、蒼龍、飛龍）と航空機二八〇機を失い、三三〇〇人が犠牲となった。にもかかわらず、大本営が国民に伝えたのはわずかに空母一隻喪失、同一隻大破、巡洋艦一隻大破、未還機三五機。事実の隠蔽、国民へ徹底的にウソを突き通すことがこのあたりから始まった。

フェイクニュースの中心になっていた大本営は、実は言論弾圧の最前線でもあった。内務省と連携した陸軍報道部、海軍報道部が検閲に当たり、記事の内容、見出し、そのサイズなど、「箸の上げ下ろし」まで事細かく指示していた。

朝日新聞「新聞と戦争」取材班著『新聞と戦争』は、元大本営海軍報道部中佐が検証した誇張の結果について、空母が実際の六・五倍、戦艦だと同一〇・三倍、飛行機同七倍、戦果は同約六倍、損害は同約五分の一だったと振り返っている。

大本営のまわりに当時の著名人、人気作家・俳優が群がり、戦争を礼賛する記事を書き続け、祝賀行事をあおり、戦争の道を切り開いていく様子は、評論家の櫻本富雄著『大本営発表 シンガポールは陥落せり』に詳しい。

もっとも、事実を伝えることを禁止し、フェイクニュースの温床となりがちな検閲自体は、明治中期からあった。東京放送の記者・アナウンサーだった竹山恭二著の『報道電報検閲秘史――丸亀郵便局の日露戦争』によると、日露戦争の勃発した一九〇四（明治三七）年に参謀本部に新聞検閲委員を設置。軍事上の秘密を探知・収集、漏洩したりすることを取り締まるための明治三二年公布の軍機保護法や、陸軍省と海軍省の省令で記事の検閲、警告、告発を行い、情報の新聞発表に当たった。大本営発表は、日本国民を欺くフェイクニュース発信の牙城であった。

こうした戦況の誇張、捏造などは戦時中、対戦国をまどわす謀略情報として各国で散見された。英サンデー・タイムズ紙の特ダネ記者フィリップ・ナイトリー著『戦争報道の内幕――隠された真実』には、それが詳細に記されている。

ナイトリーは、第一次世界大戦が契機で「史上どの時代よりも念入りなウソが語られ、真実を隠すために国家の全機構が動員された」と語っている。英国では検閲制度が創設され、「外務等機密機構」の歳費で賄われる宣伝機構が創設された。これが最終的には情報省となる。

二〇年後ナチス・ドイツのヨーゼフ・ゲッベルスは、これをモデルにドイツ版宣伝機構の宣伝省を立ち上げた。英国の高級紙タイムズは、一九一七年四月に前線のすぐ近くに工場を建てたドイツ軍は、死亡した兵隊の死体を煮詰め、グルセリンを蒸留しているなどの身の毛が弥《よ》立ち、残酷、残虐と思わせるような宣伝記事を創作し、紙面に掲載した。

太平洋戦争勃発の切っ掛けとなった日本軍による真珠湾攻撃で、米政府の公式コミュニケは旧式の戦艦と駆逐艦が各一隻撃沈され、他の艦船も損傷、対する日本軍の被害は甚大との内容だった。だが、事実は米軍の被害の方が大きく、このウソを隠すために検閲がなされたとナイトリーは指摘している。

戦局を逆転させたミッドウェー海戦での米軍の勝利は、ナイトリーによると「最も報道されなかった戦い」だった。なぜか。日本側の暗号を解読し、日本海軍の動きや編成内容がわかっていた米海軍は、戦果を発表すると暗号が解読されていることを日本側が察知するのではないかと恐れたのである。

戦時中、米国側は「日本兵は軍服を着た猿」、日本は「鬼畜米英」などと相手国を貶めるような宣伝戦に走り、戦場では人肉食いなどの残虐行為が横行しているなどと敵の冷酷さを強調する報道が熱心になされた。

大本営発表や独宣伝省にみられるように、国が総力を挙げてプロパガンダ報道に専念していた。一九六〇年代のベトナム戦争の発端となった米駆逐艦が北ベトナムにより魚雷攻撃を受けたとの当初の発表は、捏造だったことがわかっている。

一九三二年一月の第一次上海事変で、日本軍の兵隊三人が爆弾抱えて自爆し、突撃路を開き、〝英雄〟と称賛された肉弾三勇士の物語なども戦後の調査で誇張され、事実と異なる報道だったことが明らかになっている。あまりにもできすぎた誇張の疑われる情報は、国家が積極介入したプロパガンダの可能性があることに留意する必要があるだろう。

(2) 謀略

政治目的で発信するプロパガンダに類似した、謀略を目的とするフェイクニュース・情報もある。一九世紀末のフランス軍部内で発生した、反ユダヤ主義の象徴とも言える冤罪ドレフュス事件がその一つとして挙げられる。

世界史上の一つの画期をなすドレフュス事件は、取材していたオーストリアのユダヤ人記者テオドール・ヘルツルが、ユダヤ人に対する偏見と迫害のひどさに衝撃を受け、母国の建設を目指すシオニズム運動に火をつけた。そしてこれが、第二次世界大戦後のイスラエル建国に繋がったことはよく知られている。

事件は、「最高軍機密のスパイ疑惑のもみ消しの動きがある」との右派系新聞の報道で始まった。幹部将校のドレフュスの名前も掲載され、軍は釈明に追われる。

きっかけは、宿敵である在パリのドイツ大使館から流出した文書に、仏軍内の武器関連の機密情報が盛り込まれていたことだった。情報提供を受けた軍部は、確固たる客観的な証拠がないのにもかかわらず、「こうした行為を働くのはユダヤ人に間違いない」との偏見から、首謀者はユダヤ人将校アルフレッド・ドレフュス大尉だと決め付け、逮捕。無罪を主張するも、軍法会議にかけられて終身刑となり、南米の悪魔島へ送られた。

転機となったのは、小説『ナナ』などで知られる文豪エミール・ゾラが冤罪事件と確信し、将軍らフランス軍幹部に対する公開質問状「われ弾劾す」を、のちに首相となるジョルジュ・クレマンソーの新聞に掲載し、軍の不正を糾弾。ドレフュス支援の論陣を張った。だが、ゾラは名誉棄損で有罪となり、英国へ逃亡した。

ゾラの決起で事件が仏国内で再び注目され、プルースト、アナトール・フランスなどの知識人が支援に結集、再審を求める声が上がる。そうした中で、ドレフュス有罪で動いていた複数の軍幹部による証拠偽造が発覚、うち逮捕され拘留中の一人が刑務所の独房で自殺。有罪の決め手となった情報がウソで謀略色の濃かったことが明らかとなり、参謀総長ら軍幹部が辞任、政府の閣僚らも更迭となった。

ドレフュスは悪魔島から戻され、軍法会議などを経て特赦や判決破棄などののちに少佐に任命され、名誉回復が実現したのである。

「全体主義」や「政治の嘘」などの分析に詳しいドイツの政治哲学者ハンナ・アーレントは、その著書の『全体主義の起源1――反ユダヤ主義』の中で、同事件が全体主義の形成で大きな意味を持つとして第四章で取り上げており、クレマンソーが一九〇六年に政権を握ってから初めて再審の審理がスタートしたことがポイントであることを指摘している。軍部内のあまりに強い反ユダヤ主義的な偏見が、冤罪を生む原因になったとの分析である。

学校法人「加計学園」の獣医学部新設計画を巡り、「(安倍晋三)総理のご威光」などと記された文書を〝怪文書〟と批判した菅義偉官房長官の発言も、政府のスポークスマンという立場を考慮すれば相応しい発言ではなかったと言えるだろう。その後の二〇一七年六月の参院予算委員会で発言を撤回したが、文書の性格を貶めるという観点から〝謀略〟的色彩が濃いとの指摘は避けられないだろう。戦時中に発生した最大級の言論弾圧の横浜事件や、幸徳秋水などの社会主義者ら多数が死刑となった明治期の大逆事件なども冤罪、あるいは権力のでっち上げである。

先の太平洋戦争中の米軍兵士向けラジオ番組『ゼロアワー』の東京ローズやホーホー卿、枢軸サリーの登場した欧州戦線でのナチス・ドイツの対英宣伝などは、敵の闘志をくじくための謀略放送として知られている。

(3) 誤報

新聞、放送、雑誌などが報道するニュースで、結果的に事実とは異なるケースがたまにある。確認作業の不十分を含めた取材の甘さ、記者自身の思い込みなどさまざまなケースがあるだろう。判明すれば、即刻訂正するのが報道機関の責務である。社会的に影響の大きい記事であれば、なぜ誤報となったのかを紙面や番組の時間を割いてきちんと検証し、読者へ報告するのが通例となっている。

朝日新聞記者などを歴任した後藤文康著『誤報――新聞報道の死角』が、〝歴史的〟誤報とするのは一九二六（大正一五）年一二月に大正天皇が亡くなった際に、当時の東京日日新聞（毎日新聞の前身）が放った新しい元号「光文」のスクープである。

政治部記者が情報をつかみ、元号を決める枢密院の関係者に取材した上で、同二五日未明の号外や朝刊で決定したと伝えた。だが、発表となったのは「昭和」だったのである。『毎日新聞百年史』はその経緯について、毎日の報道を受けて政府は変更したと釈明している。

誤報は日本の報道機関だけかというとそうでもない。たとえば、悲劇の国連事務総長として知られる第二代ダグ・ハマショルドに関連した誤報がある。東西冷戦真っただ中の一九六一年九月、米ソの代理戦争の感もあったコンゴ動乱の調停に向かった同氏搭乗の飛行機が墜落、全員が犠牲となった。だが、ロイター通信、AP通信などの国際通信社は、ハマショルドが現地に無事到着、空港で指導者らと会談し、成功裏に終了したとの記事を流していた。

なぜこうした誤りが生じたのか。報道のベースとなった地元の通信社が別人を同氏と間違えたためである。こうした確認作業のミスからの誤報がしばしばある。一九六四年には、ロイター通信が当時のソ連の最高指導者フルシチョフ首相死亡の誤報をやはり流している。

米報道界で最高の栄誉であるピュリツァー賞に輝いた米ワシントン・ポスト紙の記事「ジミーの世界」も、誤報としてあまりにも有名である。これは同紙の女性記者が、一九八〇年九月二八日付朝刊の一面トップで掲載したルポルタージュで、主人公は腕に注射の跡が残るわずか八歳の少年。母親がヘロイン中毒患者がたむろするレストランを経営しており、しかもその愛人が麻薬中毒者という悲惨かつショッキングな内容であった。

同紙は、同記事を米国の栄誉ある報道に贈られるピュリツァー賞に申請し、その衝撃的な内容を鑑みて短時間のうちに受賞が決まった。

直後からとんでもない逆風が吹き始めた。当時ワシントンでは、急増する麻薬患者が社会問題となっており、警察当局は一大捜査網を張り、血眼になって捜索を展開した。だが少年は発見できなかった。同時に、同紙が記事と一緒に掲載した女性記者の経歴について、それは間違いだとする指摘が以前女性の所属していた地方紙からあった。

このため同社編集幹部が厳しく記者を問い詰めたところ、経歴も記事もまったくのデタラメで、捏造であることを白状。同紙は翌日の紙面にそれを釈明する謝罪記事を掲載し、記者を解雇した。そして数日後、なぜこのような記事を掲載する事態に至ったのかを振り返る五ページの検証記事を掲載。再発を防止する方策などを読者に説明したのである。

ライバルのニューヨーク・タイムズ紙では、「ジミーの世界」事件があった八〇年以降も記事の捏造などの不祥事がたびたび発生している。だが、ポスト紙にはそれ以降大きな不祥事はない。「ジミーの世界」は、図らずも不祥事を起こしてしまったマスコミが釈明のために検証記事を掲載するモデルケースとなった。

誤報には、執筆した記者が虚偽を知っていた確信犯と、意図的ではなく取材不足などで結果的に間違いとなるケースの二種類がある。いずれも責められるのだが、より問われるのは功名心から意図的に捏造された「ジミーの世界」などの記事だろう。

最近では、当時の木村伊量社長など編集幹部の一斉退陣まで発展した二〇一四年九月の朝日新聞社の従軍慰安婦報道がある。さかのぼること三二年前の一九八二年九月に作家吉田清治の証言に基づいて掲載した韓国での慰安婦強制連行に関する記事について、その後の取材で裏付けが取れずに「虚偽」、つまり事実でなかったことを認めたのである。

もっとも『「慰安婦」問題調査報告書・１９９９』や吉見義明著『従軍慰安婦』などによると、

戦時性暴力に該当する従軍慰安婦を収容する慰安所は、韓国のみならず東南アジアのビルマ（現ミャンマー）、インドネシア、フィリピン、中国、台湾などに設置され、現地人のほかオランダ人などがいたことなどもわかっている。このため朝日新聞の誤報が判明したことによって、日本軍の戦時性暴力のすべてがフェイクニュースだったとなったわけではない。

朝日以外の新聞の誤報には、二〇一一年七月七日付の産経新聞が掲載した中国共産党の「江沢民氏の死去」や読売新聞の二〇一二年一〇月一一日付朝刊の「iPS心筋の移植」などがある。読売のiPS心筋誤報では、共同通信社や産経が〝あと追い〟記事を掲載・配信した。いずれも取材の甘さが原因と言えよう。

(4)デマ、うわさ、流言蜚語、都市伝説、口コミ

コミュニケーション論などが専門の松田美佐中央大学教授の著書『うわさとは何か――ネットで変容する「最も古いメディア」』によると、政治的な意図から相手を中傷する目的で流される情報がデマで、うわさは人から人へとパーソナルな関係性を通じて広まる情報である。

口コミは互いに口から口へ情報を伝えることを意味し、それで広まる。自分が実際にその場に行って確認したこと、人から聞いた話などさまざまな情報が交換される。誤った情報も中にはあるが、人から人へと伝えられる間に正しいかどうかがチェックされることで間違いは訂正され、

正確なものになる。事実に反していれば、「うわさだった」「デマだった」となる。

通学途中の女子高生の国鉄車内でのやりとりがうわさとして膨らみ、中小金融機関の経営危機にまで発展したことが一九七三年にあった。きっかけは愛知県内での女子高校生同士のたわいない会話だった。就職が決まったことを明かした友人の一人が「信用金庫なんて危ないわよ」と茶化したことだった。

帰宅後、この話を叔母に伝えたことで連鎖的にうわさが拡大。「事実無根」と途中でいったん否定されたこともあったが、最終的には五〇〇〇人がこのウソ情報に踊り、一四億円の取り付け騒ぎへと発展した。間にアマチュア無線家（ハム）が入ったことも火に油を注いだ。ネットのない当時は、無線はこれに代わる情報拡散の手段の一つで、全国のハム仲間へ拡がったほか「理事長が自殺した」「ほかの銀行でも客が詰めかけている」といった無責任なうわさも加わった。

これは現在だとフェイクニュースに当たるだろう。もっとも、ネット上で拡散した場合は、金融機関からの正確な情報が瞬時に提供されることは間違いない。うわさが未然に鎮静化されることを期待したい。

東京大学教授の佐藤健二は自著『流言蜚語——うわさ話を読みとく作法』で、先の大戦中にラッキョウだけで飯を食うと爆弾に当たらない、などの根拠のない流言蜚語のあったことを紹介している。当時の新聞も、社会にとって好ましくない結果を生む「噴飯もの」として取り上げた。

元老西園寺公望の秘書を務めた原田熊雄の目を通して、激動の昭和史の前半をつづった勝田龍夫著の『重臣たちの昭和史』には、一九三五（昭和一〇）年二月二六日に発生した、陸軍青年将校によるクーデター二・二六事件の当日の様子が記されている。殺害された高橋是清蔵相などに加えて、西園寺もその対象となっていた。同書は当日、「デマが多く」「悲観すべき流言蜚語が紊れ飛び物情騒然」の中で西園寺が無事避難を終えたことを記している。

一九八〇年代から九〇年代にかけて身近に起きた出来事として、面白おかしく語られた都市伝説の多くは、情報として「基本的に眉唾もの」（松田教授）つまりフェイクニュースである。裂けた大きな口の女性が脅かす「口裂け女」や、「幼児誘拐のうわさ」はウソでも問題にならないものが多かった。ただし、新聞や週刊誌で報道され、模倣犯が登場し、パトカーが出動したこともあった。ネット上のフェイクニュースもこうした流言蜚語、都市伝説に似たものが少なくないだろう。

文教大学教授の川上善郎著『うわさが走る――情報伝播の社会心理』によると、悪意の塊のゴシップは当人不在の前提に成り立っており、ネガティブなイメージが生まれやすい背景がある。中身は、ある人の持っている資質やすでに終えた行動についてその場で交わされる意見で、これもフェイクニュースの観が強い。

金銭を受領した芸能人が、それを隠して製品を宣伝するステルス・マーケティング（ステマ）

のやらせ疑惑で、信頼性が揺らぎ始めた口コミ。その多くは第三者の発信する情報だから善意であるかぎりは正しいはず。ネット上の口コミサイトはこの考え方をベースにしている場合が少なくない。多くの口コミが蓄積することで客観性を生み、信頼度が増すことを狙っている。

ネット上の通販サイト「アマゾン」などで商品を購入する際に、カスタマービューが参考になるのはこうした事情がある。だが、悪意のある書き込みであればフェイクニュースに近い。企業が主婦や若者を募集し、自分のネットワークを活用して商品をPRする口コミ部隊を組織する動きがある。プロパガンダやヤラセであることがわかれば、その瞬間に信頼が泡となって消えてしまうのは間違いない。フェイクニュースが増えてきた最近のネット上の動きには、ステマを含めて一段の注意を払うことが必要だろう。

第4章　フェイクニュースの背景

新聞、放送やメディア系NPO（非政府組織）がフェイク（偽）ニュースをチェックする部門を立ち上げ、ウソにだまされないように警鐘を鳴らしている。にもかかわらず鎮静化する兆しが一向に見えないのは、極めて残念なことである。フェイクニュースを議論する大前提として、ネット上では匿名での情報発信が可能なため書き込みやツイートが無責任となる傾向があることはすでに触れた。

トランプ米大統領に右へ倣いで、世界では、必ずしも誠実とは言えそうもない政治家の一部が自分に都合の悪いニュースや記事、情報などを「フェイクニュース」と反応するのがパターン化しているのは、好ましいことではない。フェイクの判定には時間を要する。その場凌ぎ、時間稼ぎ、誤魔化しの効く誠実さに欠ける政治家の安直な言葉となっている。

世界の民主主義国家の屋台骨を揺るがしかねないフェイクニュースの急増する背景として指摘できるのが、①プロパガンダ（政治宣伝）、②カネ稼ぎ、③悪意も感じられる愉快犯、④ヘイト言説――などである。なぜそれがフェイクニュースにつながるのかを考察してみよう。

1　プロパガンダ

プロパガンダと聞いて連想するのが、大衆動員のためにこれを駆使したアドルフ・ヒトラーのナチス・ドイツだろう。プロパガンダが最初にビジネスに利用されたのは、それより前の第一次世界大戦以前の米国である。プロパガンダ研究が、商品の販売を革命的に増やすための、大衆を動かす心理作戦として応用され大きな成功を収めた。その手法を綿密に研究したナチス・ドイツが今度は、イデオロギーや国家主義の推進、大衆動員に利用した。ヒトラーの著作『わが闘争』の第六章「戦時宣伝」はその核心の一つである。

米プロパガンダ実践の中心人物は、「広報・宣伝（ＰＲ）の父」と呼ばれたウィーン生まれで心理学者ジークムント・フロイトの甥のエドワード・バーネイズである。著書の『プロパガンダ』には、多様な心理学的手法を応用した世論操作、大衆の合意を形成する手法が満載されている。

マサチューセッツ工科大学（ＭＩＴ）の教授を務めたこともあるノーム・チョムスキーは同書

に対し、「巨大企業が支配する社会での合意捏造の実用マニュアル」との皮肉たっぷりの言葉を寄せている。権力者側の駆使する政治宣伝という否定的な意味の多い「プロパガンダ」は、この頃にはすでにそうした意味合いがあった。

ただし、プロパガンダが世界に登場した一六世紀当初には、必ずしもそうしたマイナスのイメージはなかった。カトリック教会の海外伝道、つまり教義を伝え、布教するのが本来の意味で、当時のローマ法王が創設した。

大きく変化したのは第一次世界大戦である。交戦国をあしざまにののしるプロパガンダ戦を米国が手掛け、バーネイズや米ジャーナリスト大御所ウォルター・リップマンなどがこれに関わった。AP通信社の総支配人ケント・クーパーは自著『障壁を破る――AP組合主義でロイターのヘゲモニーを打破』の中で、「国際間の姿勢は通信社の報道から生まれる印象や偏見によって大きく変わってきた。独占体制はそうした人を欺く仕組みを一層効果的にした。過去一〇〇年間のこのルートを通した強力な対外宣伝はかつて一度も暴露されたことのない戦争原因の一つだった」などと語っている。

バーネイズは自著『プロパガンダ』の中で、心理学を応用した大衆を説得する技術、戦略、その必要性などを具体的に解説している。この応用で、これまでコントロールできないと思われていた大衆を動かすことに成功した。そのいくつかは現在でも利用されている。

蔓延するフェイクニュースやフェイク情報に惑わされないためにも私たちはプロパガンダの手法、その裏技などを熟知する必要があろう。焦点となっている最近のロシア発フェイクニュースなどを紹介しよう。

(1) ロシア政府が関与

▼米大統領選の介入

二〇一六年の米大統領選へのロシア介入疑惑（ロシア・ゲート）を捜査しているロバート・モラー特別検察官は二〇一八年二月、ネット上にフェイク情報や広告などを拡散させたとして以前から実行部隊と指摘されていたロシア・サンクトペテルベルクのインターネット・リサーチ・エージェンシー（IRA）など三社と、ウラジミール・プーチン大統領に近い主犯などロシア人一三人を起訴した。起訴状によると、米大統領選の候補者や制度に対する不信を広げることを目的に、ヒラリー・クリントン候補のイメージ悪化を狙い、貶める情報を流し、トランプ候補への支援を誘導した。被告らは米国に対する情報戦争を仕掛けようとしていた。

その方法は米国民を装い、多数のソーシャルメディアのアカウントを作成し、架空のオピニオンリーダーを生み出した。必要な届け出をせず、ソーシャルメディアの政治広告を購入。政治的な対立をあおる広告を拡散すると同時に、草の根を装った親トランプと反ヒラリーの政治集会を開催し、世論の分断を図った。

ＩＲＡは、メディアなどの取材により、ＳＮＳ上にフェイクニュースを拡散した拠点とその内実が明らかにされてきた企業で、被告らはここを拠点に活動し、移民や人種問題、宗教など社会の分断や不和を生み出すテーマで投稿していた。過激思想集団への支援を通じて、米国内の政治的議論を過熱させるように指示されていた。複数の被告は、米市民を装ってトランプ陣営に接触していた。

米大統領選干渉疑惑の解明のため、米議会上院はそれに先立つ二〇一七年一〇月末にフェイスブック（ＦＢ）、ツイッター、グーグルの法律顧問を呼んで公聴会を開いた。この中で三人はロシア政府の関与した工作の全貌を証言している。

それによると、プーチン政権に近い前出のＩＲＡのスタッフが偽アカウントを開設。宗教や人種間の対立をあおり、社会の分断を図る政治的な投稿をし、同時に、選挙戦で民意に影響を与えるような広告も掲載していた。

新聞報道によると、ＩＲＡの給与は月数万ルーブル（一ルーブル＝一・七円）で、数百人が二四時間体制で架空の人物になりすまし、複数のアカウントで書き込む業務を担当していた。ロシア語、英語、ウクライナ語などの部門があり、大統領選前に混乱を起こすことが求められたなど、元従業員の証言もあった。米ニューヨーク・タイムズ紙などが、この工場への潜入取材に成功している。

プーチン大統領はその事実を否定するものの、ほぼ事実との見方が強まっている。ロシアの活動の狙いは一体何だろう。

先のモラー特別検察官は、その目的を「米国内で不和を増幅させ、民主主義への人々の信頼を損なうことをたくらんだ」と説明している。

選挙戦の過程で泡沫候補だったトランプへの支援で、米国に政治的混乱を引き起こすとの狙いがロシアにはあったとされている。大方の予想を覆す当選だったから、これが事実とすればプーチン大統領にとっては「瓢箪《ひょうたん》から駒《こま》」のような気分だっただろう。

公約に則ってトランプ大統領は、就任直後に地球温暖化防止のためのパリ協定や環太平洋パートナーシップ協定（TPP）、イラン核合意などからの離脱を宣言し、世界を唖然とさせたばかりか、貿易赤字削減と称して世界貿易機関（WTO）の協定上疑義のある保護主義的な高関税措置を日・欧・中に突き付け、未曾有の混乱に陥れている。戦後世界の貿易拡大に大きく貢献してきたWTOからの脱退も辞さない様相だ。

米国や世界の政治的混乱が目的であるとしたらプーチン大統領は、「してやったり」とほくそ笑んでいるのだろう。

旧ソ連時代に秘密警察（KGB）の諜報部員だったプーチン大統領がなぜ、こうした情報戦をスタートさせたのか。先に触れたように、ロシアの介入は実は一〇年以上も前から始まっており、西側諸国が単に気付いていないだけだったとの指摘もある。

それを加速させたのは、二〇一四年のウクライナ危機と、それに伴うクリミアなどウクライナ南部のロシアへの編入で欧米諸国が踏み切った経済制裁である。この影響でロシアは金融、エネルギー面で厳しい経済的苦境に直面している。

▼英国でも

二〇一七年一一月一四日付の英ガーディアン紙によると、EU離脱の英国民投票に対するロシアの関与について英エディンバラ大学が調査。その結果、ロシア・サンクトペテルブルク発と推定されるIRA社の作成した四一九の偽アカウントを通じて、介入したことが判明している。

テリーザ・メイ首相は同月、欧州各国の選挙介入やサイバー攻撃の例を列挙し、「国際秩序にとって脅威」「情報を兵器として使っている」などとしてロシアを手厳しく批判した。首相は、「ロシアは国営メディアを使って偽ニュースや変造写真を流し、西欧の選挙に介入している」「ロシアが何をやっているのか我々は知っている。だが、その目論見は成功しない」などと非難した。

西欧社会を揺さぶるロシアの狙いは、英国ではフェイクニュースというよりもむしろ二〇一八年三月南部ソールズベリーで起きた、毒ガス兵器ノビチョクを使用したロシア元情報機関員らの暗殺未遂事件などに力点が置かれているような印象がある。同九月に英捜査当局は、ロシア国籍の男二人を殺人未遂の容疑者として国際刑事警察機構（ICPO）に国際手配した。

メイ首相はこの二人について、ロシア軍参謀本部情報総局（GRU）に所属する職員と言明している。英国では二〇〇六年にも、ロシアの元情報将校が放射能物質によって殺害されたことがある。この騒動は、英米など約三〇カ国の西側諸国、北大西洋条約機構（NATO）からの約一五〇人に上るロシア外交官の追放と、これに反発したロシアによる同規模の欧米の外交官追放という事態にまで発展している。

▼ドイツなど

ドイツは二〇一八年一月から、フェイスブック（FB）などのSNS運営者にフェイクニュースやヘイトスピーチの迅速な削除を義務付ける「SNSにおける法執行を改善するための法（SNS法）」を本格施行した。対象は利用者が二〇〇万人以上のSNSとメディア企業で、該当する投稿を二四時間以内に削除しないサイトは、最高五〇〇〇万ユーロ（約六二億円）の罰金が課せられる。

ツイッター、ユーチューブ、掲示サイトやロシアのSNSなどにも適用される。SNS法は二〇一七年一〇月に施行されたが、準備のため二〇一七年末までの猶予が認められていた。

同法は人種差別的なヘイトスピーチやフェイクニュースが広範囲に広まったことを受けて、この取り締まりのため独政府が踏み切った措置である。ロシアなどから流入するフェイクニュースが深刻な社会問題となっており、欧州連合（EU）諸国と対立を深める原因にもなっていた。独政府は、「同法でSNSでの言葉の暴力がなくなり、言論の自由が守られる」とその意義を強調している。

これは、ドイツ版FBにおいて、シリアで戦うよう若者向けに訴えるテロ組織・イスラム国（IS）の宣伝や、極右市民団体の扇動的なスローガンの氾濫が大きな要因だ。そしてそれらは、ロシア発との見方が少なくない。

第2章で触れたが、それに先立つ二〇一六年には、「アラブ系移民が一三歳のロシア系ドイツ人少女を誘拐・暴行した」とするロシア国営テレビの報道を受けて、これに抗議する群衆のデモがベルリンで発生した。真偽の確認のためドイツ警察が捜査に入り、被害者とされる少女を特定。確認したところ、本人が暴行を受けたと嘘をついていたことが判明した。

だが、事実無根との見方に対して、ロシアやドイツの報道機関の一部が反応し、当局が捜査しないのは、「ドイツの移民政策の印象が悪くなるから」との主張を展開したのである。

これを真に受けた極右政党が、国境を閉鎖するようデモ行進し、映像がユーチューブで流された。当時は、難民危機が勃発した直後で、ピーク時は一日二万人が到着するなど国内に危機感が蔓延していた。ロシア発の独少女暴行報道を端緒とした一連の騒ぎは、ロシアのウクライナ一部編入に伴う対ロ経済制裁で強硬姿勢のアンゲラ・メルケル首相に、揺さぶりを掛ける狙いがあったとみられている。

二〇一七年四月三日付の米ハフィントン・ポスト紙は、ロシアによるフェイクニュース・キャンペーンは、欧州連合（EU）の政治に悪影響を与え、有権者の間に不信の種を撒こうとしていると指摘。米国の専門家の「ロシア人たちは、少なくとも一〇年間、恐らくはそれ以前からフェイクニュースを拡散させてきた」「欧州各国はようやく気付き始めた」との見解を引用している。

同紙によると、欧州議会は二〇一六年二月にロシアが仕掛ける「フェイクニュースとプロパガンダの闘い」に対抗策を取るよう、EUと加盟各国に要請する決議を採択。すでに作業部会を設置し、フェイクニュースの報告書を毎週発行している。二〇一八年一月には、ネット上に蔓延するフェイクニュースや偽情報への対処をアドバイスするための専門家グループを創設している。

二〇一七年に盛り上がったカタルーニャの独立運動で、スペインのマリアノ・ラホイ首相は、SNS上で独立を促す方向で情報操作した偽アカウントの半数が、ロシアで開設されたと非難した。フェイクニュースを調査するEUも、同独立の是非を問う国民投票でロシア語とスペイン語のフェイクニュースが急増したと批判。地元紙もロシアの報道機関が英語、スペイン語、ロシア語、ドイツ語でスペイン政府の民主主義弾圧を強調するニュースを報道したと指摘している。

▼ハイブリッド戦争

西欧社会に揺さぶりを掛けるため、ロシア発のさまざまなフェイクニュースが飛び交っているという証言や報道はあまりにも多い。軍事的手段のみならず情報操作、政治的な工作など各種取り混ぜ、それを駆使して攻撃する手法は「ハイブリッド戦争」と呼ばれ、欧州各国は警戒を強めている。

二〇一四年にウクライナの一部がロシアへ編入されたいわゆるウクライナ危機をきっかけに、ロシア系住民の多いバルト三国やスウェーデンでは、ロシアの侵攻の危機感から徴兵制を復活させる動きが出ている。北大西洋条約機構（NATO）も東欧強化のため、駐留部隊四〇〇〇人を新たに展開させた。

ハイブリッド戦争の発案者は、ロシア軍のワレリー・ゲラシモフ参謀総長と言われる。共同通信社のモスクワ支局長などを歴任した佐藤観賢の著書『プーチンとG8の終焉』によると、ゲラシモフは二〇一三年二月にロシア紙に掲載した論文の中で、「アラブの春」に触れて「二一世紀には戦争と平和の差異があいまいになる傾向がみられる。宣戦布告なしに戦争は始められ、非伝統的な形で進んでいく。何の問題もない国家が数カ月どころか数日のうちに激しい武装闘争の場に変わり、外国からの干渉の犠牲になったり、混沌、民生の破滅、内戦に陥ってしまう」と指摘。

その上で「戦争のルールは大きく変わった、政治的、戦略的目的を達するために使われる非軍事的手段の役割は増大し、場合によっては兵器を上回ることすらある」と述べ、政治、経済、情報、文化などの非軍事的手段で住民に抗議行動を始めさせ、それに秘密裏の軍事行動を組み合わせるのが「現代の戦争」だと説いた。

この手法は、まさに二〇一四年のウクライナ危機でのロシアの対応ではないか。つまり、部隊を送り込み侵略の役割を担わせる一方で、ロシア軍ではないと否定する。制圧したのを奇貨として、編入のための住民投票に持ち込み、勝利をテコにロシアへ編入する。

対外的には、ウクライナ政府軍の中に英語しかしゃべれない肌の黒い兵士がいるなどのフェイク情報を流し、揺さぶりを掛けるという具合である。

その特徴を、佐藤は、①正規軍の投入を公式に認めず、宣戦布告なしで軍事行動、②正規軍よりも、自らの意志で戦闘に加わる義勇兵や他の地域から投入した傭兵に戦闘の主役を担わせる、③前線での戦闘のほか、サイバー攻撃などで相手方を攪乱し、戦闘能力を低下させる――などと類型化している。

実際、クリミア編入では、身分を隠したロシア軍部隊を現地に投入し、ウクライナ軍部隊を武装解除して実効支配を固めた。

慶應義塾大学総合政策学部教授の廣瀬陽子は著書『ロシアと中国――反米の戦略』の中で、プーチン外交の中心軸が旧ソ連地域の勢力圏を維持しつつ、欧米への対抗力を高めるために歴史的に縁のある地域やお膝元などの戦略的意義の高い地域への影響力を強めるのが中心軸になった、と指摘している。

このためプーチン大統領は①情報とプロパガンダ（メディア操作）、②反対勢力・市民社会・過激派の支援、③破壊活動・テロリズム、④凍結された紛争や未承認国家、民族間の緊張の創出や操作、⑤正規・非正規軍の戦争（サイバー攻撃、プロパガンダ、政治工作）――などを織り交ぜて巧みに操ってきた。

メディア面からこれを支援するロシアのプロパガンダが、「RT（Russia Today）」「スプートニク」など。これらを通じて発信されるフェイクニュースが、攻撃の先兵を担っている。

ウクライナの危機では、ロシアは宣戦布告もせず、正規軍、特殊部隊や民兵を駆使し、宣伝工作、情報操作、政治・経済工作などを組み合わせたハイブリッド戦争を仕掛け、ウクライナにあるクリミア半島の一部を併合することで勝利を収めた。これによってプーチン大統領の支持率は七〇％に迫るまでにアップしたのである。

新聞報道などによると、ロシアからのハイブリッド攻撃は、オランダでも二〇一八年四月にあった。ロシア軍参謀本部情報総局（GRU）のエージェントらが、英国でロシア人元スパイ殺害に使われたノビチョクを調べていた化学兵器禁止機関（OPCW）のあるハーグに現れ、隣のホテルの駐車場に止めた車の中の電子機器を使い、同機関の無線LANへの侵入を試みた。これが発覚し、逮捕されたのである。オランダ軍は、「同機関を狙ったGRUのサイバー攻撃を事前に食い止めた」と発表した。

これに関連して英国も同四月、GRUが米民主党本部や世界反ドーピング機関などに対するサイバー攻撃をしていたと発表。これに先立つ二月には、ドイツの外務省、国防省がサイバー攻撃を受けた。一〇月には、ロシア人によるノルウェー・オスロでのスパイ疑惑などが発覚している。ロシアの脅威に対抗するため英米仏独伊、バルト三国など一五カ国がヘルシンキに「欧州ハイブリッド脅威対策センター」をやはり同四月設立した。米仏大統領選や英国のEU離脱を問う国民投票への介入を含めて世界の強国としてプレゼンスを示したいロシアの新タイプの戦術と言えるのだろう。

(2)ネガティブキャンペーン

当選を阻むネガティブ情報と目されるフェイクニュースは先の、米仏大統領選や二〇一八年の台湾統一地方選などで拡散された。日本はどうなのだろうか。新基地建設に反対する前衆議院議員の玉城デニーと、これを容認する自民党系の佐喜眞淳の間で激しく争われた同九月の沖縄知事選では、相手陣営の評判を貶めるようなフェイクニュースの発信がみられ、両陣営間に火花が散った。

沖縄地元紙の琉球新報と沖縄タイムスは、フェイクニュースがネット空間に飛び交った米仏大統領選を教訓に、会員制交流サイト（ＳＮＳ）に発信される内容のファクトチェックなどを実施した。

担当した琉球新報の宮城久緒デジタル編集担当部長は、同一〇月六日付朝刊の記事「ファクトチェックの重み実感——中傷拡散の抑止、検証で一定効果」の中で、露骨な誹謗中傷を含めた批判、攻撃がほとんどだったことを明らかにしている。

宮城担当部長によると、九月九日から二〇日間に投稿された二〇万件以上のうち、約九割が勝利した玉城に対するものだった。中身は、「中国のスパイ」「裏に中国共産党がいる。沖縄が破壊される」などの誹謗中傷が主で、政策や沖縄の課題を議論するやり取りは少なかった。

対抗馬の佐喜眞のリツイートの多い上位は、プロフィール欄に「日の丸」をあしらうなどネット右翼系からとみられる発信が目立った。これはネット右翼系からの玉城下ろしのネガティブキャンペーン、落選運動と判断できる。

同九月二六日付朝刊に掲載したタイトルが、「ネットに虚偽情報横行——候補者への誹謗中傷多く——『ウソつき』『工作員』」の記事では特定の候補に対して「県民をだます選挙目的のパフォーマンス」「大ウソつき」「こんなのを県知事にしたら沖縄は日本から切り離される」などの書き込みがあったことを紹介している。

さらには、候補者の名前の一部をお金と関連付けて改変し、「金目当て」「沖縄を破壊する工作員」とする書き込みもあった。候補者を「違法を容認している」「危険人物」と批判し、さまざまな動画と組み合わせたまとめたサイトもあった。同紙が「これは名誉棄損の可能性がある」と記事で指摘すると途端に閲覧不能となった。

これ以外には、沖縄県出身で県内はもちろん、全国的にも絶大な人気を誇る安室奈美恵さんの「玉城候補を支持している」との事実無根の書き込みもあり、物議を一時かもした。これは、都内在住の女性が「安室ちゃんも支持する翁長さんの遺志を継ぐ（候補者）と一緒に沖縄を作ろう」と呼び掛ける内容をツイッターに投稿したのがきっかけ。だが、安室さんが支持している事実はなく、候補の陣営も否定。女性はこれを削除した。このほか、朝日新聞を語る、捏造した世論調査結果の数字の拡散もみられた。

選挙でのネガティブキャンペーンに相当するフェイクニュースは、二〇一八年六月の新潟知事選や沖縄知事選に先立つ二月の名護市長選や九月の宜野湾市長選でも登場しており、今後の国内での増加が予想される。

2　一獲千金

ネット時代入りでフェイク情報満載のウェブサイトでも、開設すればコンテンツ次第で予想外の収入が期待できる健全とは言えないビジネスモデルができ上がってしまったようだ。事実とかけ離れた驚くような内容の記事を捏造し、発信すればページビューが増える。広告収入ががっぽり入るのだから、金儲けを期待する向きにはたまらないだろう。運悪くだまされたら怒り心頭で怒髪天を衝くこともあるだろう。しかし、実質的な被害などがなければ犯罪とはならないことが取り締まりを難しくし、世界的なフェイクニュースの蔓延に拍車を掛けている。

すでに触れたように、人気を呼ぶコンテンツは、「半分ホントで半分ウソ」。拡散しやすいフェイクニュースのパターンとして明治大学情報コミュニケーション学部の清原聖子教授は、二〇一八年四月の朝日新聞のフェイクニュース特集で①過去に問題を起こした企業や人物についての情報、②偏った風評の人物、団体、国などについての情報――などと指摘している。加えて、情報量が少なくて確認が難しいもの、異物混入などへの注意喚起や著名人の不祥事、医療や健康にまつわる断片的な情報などを挙げている。

第2章の国内のフェイクニュースで紹介した嫌韓のデマサイトや俳優西田敏行さんの中傷記事

を流したのは、まさに小遣い稼ぎだった。いずれも、アクセスを稼げず閉鎖に追い込まれた。もっとも英語によるサイトであれば、世界中からのアクセスを集め、思い通りの収入があったのかもしれない。ピコ太郎の動画「ＰＰＡＰ」がネットにアップ後の四〇日間で五〇〇〇万回のアクセスを稼げたのは、日本語をほとんど使わない英語によるパフォーマンスだったこともある。

ネット上にフェイク満載のニュースサイトを作成し、バナー広告などを収入源としてこの量産に励む東欧の若者がいた。米大統領選が過熱した二〇一六年秋頃からである。そのうちの一つが、バルカン半島の小国マケドニアの人口五万人のヴェレス。ここを訪問した読売新聞ローマ支局の佐藤友紀記者が月刊誌『中央公論』（二〇一七年七月号）にルポ記事「マケドニア『フェイクニュースの里』を歩く――大学生や高校生が一獲千金の夢を見て」を寄稿している。

それによると、記者がつてをたどってトランプ大統領のフェイクニュースで月三〇〇〇ユーロ（約三六万円）稼ぐ一九歳の大学生に会ったのは、同五月上旬。学生は前年に米国の政治を扱うニュースサイトを設立していた。その理由は、「稼げる広告収入が世界で一番高いから」で、高校時代からブロガーとして活躍していたためホームページ作成はお手の物だった。

学生は大学から帰宅後、早朝まで英ＢＢＣや米ＣＮＮなどのサイトをチェック、類似情報を切り貼りし、一五本程度記事を作成する。友人との三交代制である。パンチに欠けると思ったらいくぶん過激にし、憶測を追加する。過去最多の閲覧者五〇万人を集めたのは、「トランプ氏　メキシコ国境に壁建設」の記事で七〇〇ユーロ（約八万四〇〇〇円）稼いだ。もちろんフェイクニュースだ。

読まれるコツは、「普通のニュースを誇張する半偽ニュース（half fake news）」。「米国民が読みたがるニュースを先回りして提供している」とも語っている。

虚偽内容を理由にサイトはブロックされ、グーグルから警告を受けている。もっとも、「ブロックされれば新しいサイトを設立するまで」と、この学生は語っている。罪悪感はないか。記者の質問に「悪いことじゃない。だって普通のゴシップ記事だってやっているじゃないか」との言葉を紹介している。

なぜマケドニアなのか。内戦で旧ユーゴスラビアが解体され、経済不振に陥ったことが挙げられる。国際通貨基金（ＩＭＦ）によると、内戦当時の失業率は四〇％に接近していた。現在では改善したもののそれでも二〇％台。佐藤記者は、在ヴェレスの米政治関係のニュースサイトは一〇〇以上あるとの米ニュースサイト「バズフィード」の調査を付け加えている。

このヴェレスの若者たちは、実はロシアに近い関係者の勧誘を受けてフェイクニュース制作をスタートしたとの報道が二〇一八年一〇月に登場した。事実だとすれば、フェイクニュースでロシアの果たしている役割は想像以上に大きい。

第２章の海外編で紹介したフェイクニュースだらけの米サイトも、結構な広告収入を得ていた。

記事を真に受けて犯罪などが発生していることを考慮すると、フェイクでもアクセスを稼げれば広告収入が増えるというビジネスモデルを、根本から考え直さなければならない情況に来ていると言えそうだ。

3 愉快犯

毒にも薬にもならなければ問題はないのだろうか。皆が混乱するのを見て喜ぶのは、それが悪意の伴う愉快犯であればやはり断罪されるべきであろう。

ネット上に「国際信州学院大学」のサイトがある。検索するとランキングのトップに登場する。ネット上から借用したとされる写真入りのホームページは、体裁がかなりしっかりしている。このため実在する大学ではと、つい信じ込んでしまうのが怖いところである。

サイトの大学概要には「信州から世界―フランス―へ羽ばたく人材を育てたい」「自主性と規律を重んじていたのは今や昔」「自由な発想で今までにない思想を作り出す」「La pureté est pour toujours（純粋さは永遠に）」「常に無垢であれ」などと、もっともらしい標語が書き込まれている。

だが、これは完ぺきなフェイクサイトなのである。話題になったのは、二〇一八年五月のツイッ

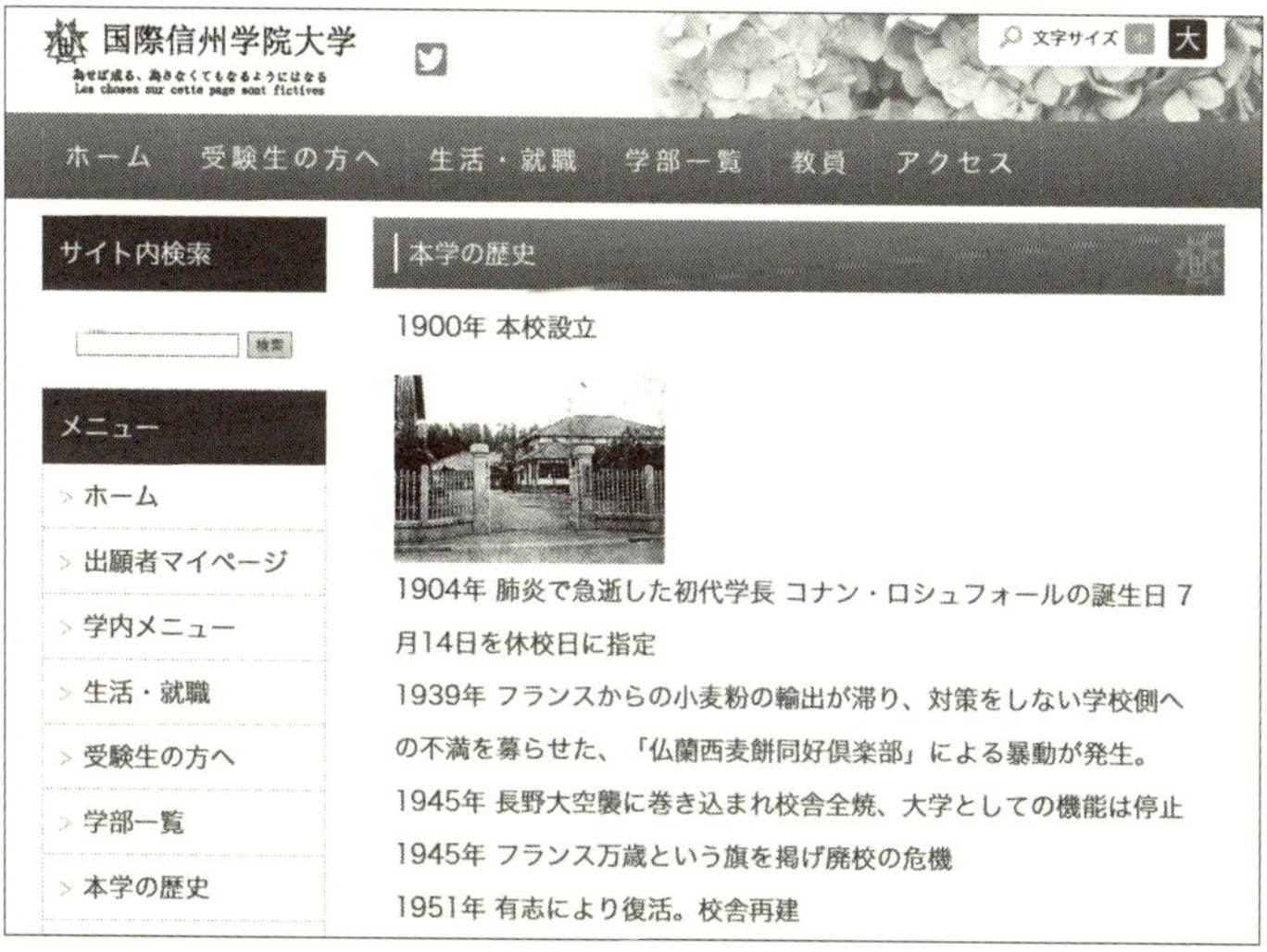

写真13　愉快犯が作った架空大学「国際信州学院大学」ホームページ

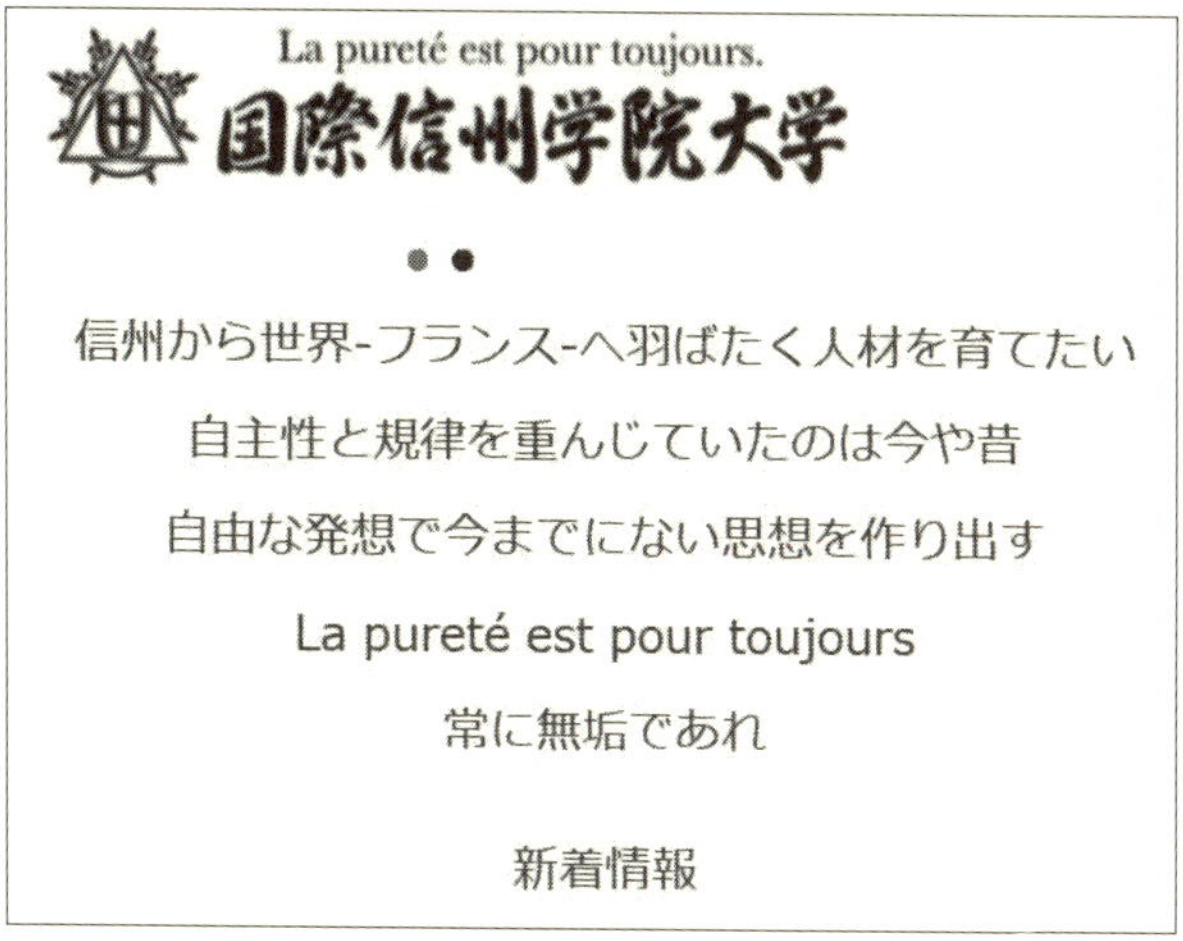

写真14　国際信州学院大学の大学概要ページ

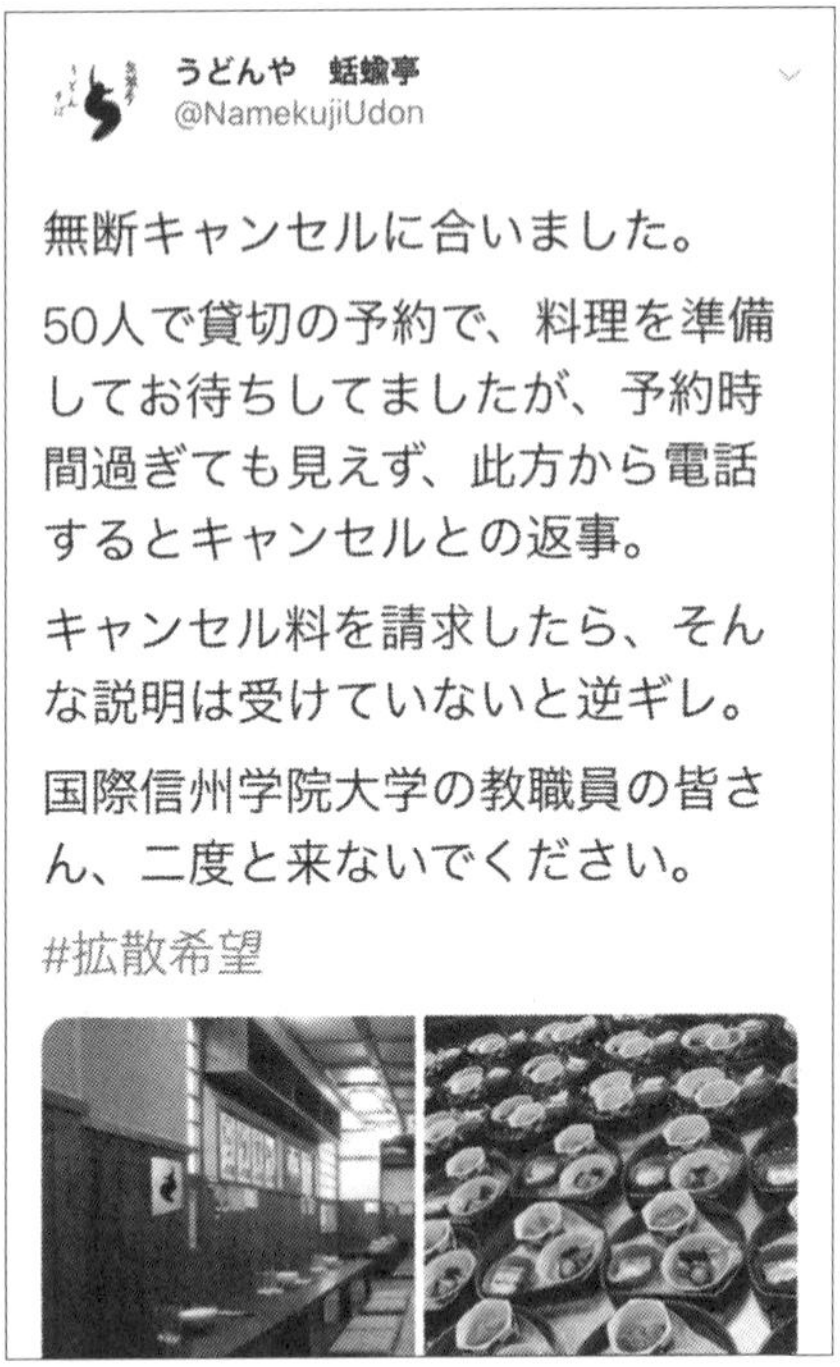

写真15　実在しない飲食店「蛞蝓（なめくじ）屋」のサイトに書かれたクレーム

ター上のやり取りだった。大学が所在地とうたう安曇野市のうどん屋から、「大学の教職員から五〇人の貸し切りの予約があったが無断キャンセルされ、料金を請求したら逆切れされた」との趣旨の書き込みが、用意された食事の写真などとともにアップされた。

間髪入れずにツイッター上には、大学を非難する声や店を励ます声が相次いだ。後日、うどん屋からも「ツイッター効果のおかげか今日は朝からたくさんの方にご来店頂きました。ランチタイムは満席でご迷惑おかけしました」との情報発信があった。

だが、この「蛞蝓《なめくじ》屋」と称する奇怪な店名のうどん屋さえも市内には実在しなかった。ということは、この書き込みの「無断キャンセル」自体が架空だったのである。これは一般紙が取り上げたことで、初めてフェイクサイトと判明。その後、当然のように「だまされた」との憤懣やるかたない声がネット上に渦巻いた。

その一カ月後の同六月には、今度は、大阪教育大学（大阪府柏原市）が話題となった。前年の後期の授業「メディアリテラシー演習」で作成した「大阪大学と大阪教育大学が統合する」との架空の記事がSNS上に拡散され、大騒ぎになった。大阪教育大学は公式のツイッター上で「そのような事実は一切ない」と直ちに否定して、混乱は収まった。

「大阪大学、大阪教育大学二〇二五年統合へ」がタイトルの問題の記事は「同年に両大学の統合のための関連議案を国会へ提出することを政府が確認した」というのが内容。記事によると、統合後の学生数は約二万八〇〇〇人で国内最大の国立大学。統合後の名称は大阪大学教育学部となる。統合に伴い教育協働学科の募集は停止される、などと極めて具体的。つい信じてしまいそうだ。

架空の記事が拡散したのは、講義終了後もウェブサイトがネット上で公開されたままになっていたことが大きい。その記事が拡散されたのである。では、悪意があったのか。単なる出来心で拡散されたようだ。現在は削除されて閲覧できない。

すでに何度か取り上げたが、「皆を担いでしまおう」との軽い気持ちでフェイクニュースを発信するケースは少なくないだろう。二〇一六年四月の熊本地震での「川内原発で火災が発生」「熊本城の石垣が崩れて下敷きに」などのフェイク情報、「安倍首相が逮捕された」というツイッター上での号外も同じレベルであろう。

もっとも第2章の海外編で紹介した「皆をだましてしまおう」との愉快犯型の完ぺきなフェイクサイトでスタートした米国のケースは、実際に運営を始めると収入が意外に膨らみ、そちらの魅力に勝てず続けていると告白する向きもあることは、すでに紹介した。

最後に、もう一つの荒唐無稽な愉快犯サイトを紹介しよう。「緊張して吐きそう」「プレッシャーで飯がのどを通らない」――。二〇一八年六月にシンガポールで開かれた史上初の米朝首脳会談。歴史的とも形容されるこのイベントの裏で、注目を集めたツイッターアカウント「金正恩【公式】」があった。

委員長になり切った日本語による書き込みで、金正恩本人がスマートフォンを駆使して入力しているとは到底考えられないサイトである。

同一二日付の独立系ニュースサイトのJ-CASTニュースによると、現地実況がスタートしたのは同一〇日からで、到着直後には「やっとシンガポールに着いた。疲れた」「暑いわ」とツイート。その後も朝五時すぎに「目が覚めた。よく眠れなかった」。会談終了後からツイートがまた始まり、「事前協議より踏み込んだ内容でまとまった」「トランプはその側近と雑談中」などが入力された。

同ニュースによると、同アカウントが開設されたのは二〇一一年一〇月。ツイートの履歴を追っていくと、開設当初は父の金正日総書記になり切っており、その逝去後には、プロフィールなどを金正恩委員長に変えてツイートしている。完全に金王朝マニアで、愉快犯の仕業でもあるようだ。この記事は現在でも閲覧可能である。

4 ヘイトスピーチ系——誹謗中傷・差別

二〇一八年の沖縄知事選でも触れたが、ネット右翼系の情報発信には悪意のあるケースが少なくない。事実無根のフェイクニュースで相手が被害を受け、窮地に陥ればよいとする姿勢と無縁ではない。一種のプロパガンダとも言えよう。

その一つが〝沖縄ヘイト〟。第2章で触れた同知事選ではネット右翼系のネガティブキャンペーンを取り上げたが、これとは別に、沖縄県民を誹謗中傷・差別する「反日」「国賊」の言葉がネット上に飛び交っている。

専修大学教授の山田健太著『沖縄報道』によると、沖縄に対する差別的言動として挙げられるのは一九〇三（明治三六）年に大阪で開催された第五回内国勧業博覧会での学術人類館事件。沖縄県民を「土人」として見世物にした。

民間人によって開催された場外パビリオンに、アイヌ民族など生身の人間を集めて民族衣装を着せて、生活している姿と環境をそのまま展示の形で配置した。沖縄、アイヌなどの出身者を見世物として未開の民族として扱った。一種の蔑視であるのは間違いない。

「土人」という言葉は、アイヌ民族を保護するために明治期に創設された旧土人保護法に登場する。差別的な表現の「土人」を思い起させる事案が二〇一六年一〇月の沖縄で発生した。米軍北部訓練場のヘリコプター着陸帯（ヘリパット）建設に反対する市民に対し警備に当たる大阪府警の機動隊員が「ぼけ、土人が」「黙れ、シナ人」との罵声を浴びせ、大きな問題となった。岩波書店の『広辞苑』によると、土人とは未開の土着民、軽侮の意を含んで使われる。シナ人にしても差別用語、一種のヘイトと言っていいだろう。

これに関連して話題になった、沖縄関連のフェイク情報を紹介しよう。その一つが、二〇一五年六月に自民党本部で開かれた若手議員による勉強会で飛び出した発言である。地元紙の琉球新報と沖縄タイムスの報道に対し、自民党所属の衆議院議員長尾敬が「左翼勢力に乗っ取られている」と発言。講師を務めた作家の百田尚樹は「沖縄二紙はつぶさないといけない」とも語った。さらに百田は、「もともと普天間基地は田んぼの中にあった。基地の周りに人が住み出した」などと自説を展開した。琉球新報によると、普天間飛行場は、沖縄戦中に、宜野湾住民の住居や畑を奪って建設された。これは事実誤認のフェイク情報のようだ。

ジャーナリスト安田浩一は、著書の『沖縄の新聞は本当に「偏向」しているのか』の中で、評論家櫻井よしこの二〇一四年一一月の豊見城市内での講演の模様を紹介している。櫻井は「朝日新聞は悪い新聞」「それと同じくらい悪いのが『琉球新報』と『沖縄タイムス』」「二紙の記事は『日本を愛するという気持ちはない』としか読めない」と強調。「本土の比較的まともな『産経新聞』と『読売新聞』みたいな新聞がここでも定着していくといい」とも語った。

こうした路線の延長上にあるのが、「基地賛成派の意見を封殺している」「事実を捻じ曲げている」「沖縄の新聞は偏向している」のフェイク発言と言えよう。筆者の勤務する茨城大学の中央図書館には幸運なことに、沖縄の両紙を含めて全国の地方紙一三紙、全国紙、ブロック紙が毎日届き、櫻井の講演で登場する新聞に筆者は目を通している。櫻井をはじめとした一部の寄稿や社説には賛同できない主張もあるが、おおむねまともで公平な記事と考えている。手厳しく批判する櫻井、百田、長尾などは、沖縄二紙をはたして毎日読んでいるのだろうかと疑問さえ持ちたくなる。

評論家の古谷経衡は、著書の『ネット右翼の終わり――ヘイトスピーチはなぜ無くならないのか』の中で、言論とは言い難い粗悪な言説がネット上に流通していることを嘆いている。古谷は、ネット右翼らがアマゾンの商品ページの中にある本の目次（章構成）だけを観て、その本の内容には一切触れず、自らの差別的な言説に何の躊躇もなく紐付けしており、「これこそが『狭義のネット右翼』の実態であり正体である」と呆れている。

これを〝ヘッドライン寄生〟と名付ける古谷は、普天間基地の辺野古への移設を反対した故翁長雄志と容認派の間で戦われた二〇一四年の沖縄知事選を分析。当時のネット空間には、「翁長氏は支那（中国）から支援を受けている」「氏が知事になれば沖縄が中国に占領される」などの書き込みがあった。前者は全くのフェイク情報であるし、後者は当時人気化した動画に依拠しており、いずれも「産経・正論路線」に寄生しているにすぎないと指摘している。

前出の山田の『沖縄報道』によると、「県民は基地で食っているので本心は米軍にいてほしいと思っている」との神話や、「基地の問題ばかり沖縄の新聞は書き、内容は政府批判で偏向している」との沖縄メディアへの「都市伝説」がある。いずれもフェイクニュースである。

これを真に受けたネット右翼が、日本政府の方針に反対するなら「日本から出て行け」や「非国民」などのヘイト言説とともに、ヘッドライン寄生などを垂れ流すのが常である、と指摘している。

第5章　フェイクニュースの裏側

1　重い腰を上げたFB、ツイッター――当初は責任を認めず

ツイッターとフェイスブック（FB）が、フェイク（偽）ニュース対策として二〇一八年一月から進めているアカウントの削除が、同八月までに計七億件に上った。偽の口コミ、フォロワー、レビューなどいわゆるフェイク情報が広がっているためである。両社の実動利用者は計二五億件で、約三割に相当する偽アカウントが消えた計算となる。

フェイクニュース対策の検討のため開催された同九月の米上院の公聴会で、FBのシェリル・サンドバーグ最高執行責任者（COO）は、安全対策担当要員を従来の二倍の二万人超に増やし、

二四時間体制で対応していると言明。ツイッター社も、不審なアカウントを毎週約一〇〇〇万個見付けて対処していると説明した。

こうした動きに対し、トランプ大統領は批判的である。なぜか。それは、両社がフェイクニュース対策を進めた結果、ルールに適合しない極右のページや、大統領の積極的な支持者で「小学校での銃乱射は、銃規制を広めるために創作された芝居」などの陰謀論を流す極右サイト関連のページが、この余波で削除されたためである。暴力を肯定・助長する投稿が倫理規定に違反しているとして削除されたのである。

両社が積極姿勢に転じたのは、二〇一六年の米大統領選で、ツイッターやFBがフェイクニュースの拡散源となり、トランプ大統領を生み出した因果関係を認めたことを意味している。対策に乗り出さざるを余儀なくされたのである。

FBは二〇一八年一一月の米中間選挙を前に、フェイクニュースなどの温床となる偽アカウントの削除を積極的に進めた。FBは、拡散の場として利用されたことを繰り返さないために、同二月にすでに①動きの怪しいアカウントを早期に削除、②政治広告を出す主体の米国の所在地を確認、③各国の報道機関と連携しファクトチェックを強化――などの実施を発表していた。それが着々と実現していたことになる。

フェイクニュースによって世界各地で混乱が起きていることについて、FBは当初、「自分たちはメディアではなくてテクノロジー企業、あるいはプラットフォームであり、ネット上のニュースを単に拡散しているだけ」などと主張していた。つまり、拡散するニュースを選択するのはコンピュータの自動処理によるアルゴリズム（算法）で、人は一切関わっていないと責任を回避していたのである。

だが、直後にそうではないことが判明した。話題のニュースをリストアップする「トレンディング」で、この採否を人が判断していたことが判明。これが米上院で二〇一六年八月に取り上げられた。その後もピュリツァー賞に輝いたベトナム戦争時の写真が削除されたことにより検閲が指摘されるなど、ＦＢの力説するアルゴリズムによる客観性、中立性が疑問視された。

その後ＦＢは、フェイクニュースへの広告の配信をやめた。サイトの収入源となっているとの判断からである。同一二月には伝統的なテクノロジー企業ではないとして、メディアの側面もあることを認めた。以降、積極的にフェイクニュースを撲滅する対策を取るように大きく軌道修正した。

米大統領選の関係では、ロシア関係の広告を見ていたのは当初約一〇〇〇万人としていたのを、一二倍強の約一億二六〇〇万人が見ていた可能性があると二〇一七年九月に修正した。

ツイッター社も同様で、フェイクニュースの製造工場とされているロシアのインターネット・リサーチ・エージェンシー（ＩＲＡ）社の約三八〇〇のアカウントを閉鎖したと発表した。これによって、ロシアが二〇一六年の米大統領選での不正工作に関わった疑惑が一段と濃厚になっている。

すでに触れたように、アルゴリズムによってユーザーは自分の好む情報に接する傾向が強まる。裏を返せば、アルゴリズムの機能で、自分のみたくない情報を遮断するフィルターバブル（泡）の中に包まれてしまう。この結果、自分の好む情報ばかりの共鳴する世界、いわゆるエコーチャンバー（echo chamber）に閉じこもってしまう。自分とは異なる意見に耳を傾けることがなくなり、これがひいては社会の分断を招くことにつながる。

事実ではないフェイクニュースに接しても疑わず、自分の視点に合致していればそれを受け入れてしまう。知識や経験の欠如ではなく、疑う必要性を感じない。つまり、自分の偏見をフェイクニュースで確認する側面もある。

第1章で、客観的な事実は世論形成において、個人的な信念や感情へのアピールに比べ影響力がより少ないことを意味する「ポスト・トゥルース（真実）」を紹介した。このキーワードはまさにこの状況を説明している。信条、感情が客観的な事実より影響力がある、ということである。

このため、マスコミが懸命に続けているフェイクニュースの検証作業ファクトチェックが「嘘」と判定しても、当該本人が意見を修正するわけではない。これは、「逆の結果」を意味するバックファイアー効果と呼ばれている。自分の信じるものを否定する情報を突き付けられても、修正する行動を取るわけではない。むしろ、今以上に自分の考えに盲信するのである。ファクトチェックの限界がここにある。

〝ツイッター大統領〟とも言われるトランプ大統領は、ウソや放言が多いことでも知られている。最近は一日一六・五回のウソ発言を垂れ流しているとの試算もある。マスコミがファクトチェックで発言を「フェイク」と断定しても支持者らの多くは「マスコミはフェイクニュースを垂れ流す」との大統領の発言に軍配を上げ、修正することもしない。大統領の支持率が一定以下に下がらないのはこれが理由とも言われている。

2　ボットに注意――アクセス数にだまされない

ネット上でニュースや情報を閲覧するとアクセス数やヒット数が、FBでは〝いいね〟が、ツイッターではフォロワーやリツイート数などがそれぞれ表示される。この数が大きければ多くのユーザーに読まれ、人気がある重要な情報、重要人物だと信じる傾向がある。仲のよい友人からシェア、あるいはツイートされたニュースや情報だと余計に高く評価しがちである。

意外に思われるかもしれないが、この数字やアクセス数は実は実態を反映していないことが少なくないのである。数倍、いや数十倍に水増しされたケースが往々にしてあることがわかってきた。先に触れた〝釣り見出し〟風に表現すれば、〝釣りアクセス数〟、いや〝フェイク・アクセス数〟が少なくない。

すでにFBやツイッター社などが、こうした偽アクセス対策に乗り出していることは、これまでいくつか紹介した。こうしたイカサマの数字にダマされないように心掛けよう。それ以上に、ある一定の政治的な意図を持ったプロパガンダ（政治宣伝）の情報であれば、フェイクニュースの可能性が高いと言えるだろう。

この偽アクセス数を生み出す発信源がコンピュータ・ソフトの「ボット」である。ロボットの略称で人間が操作する処理を高速で自動的に実行できるプログラムである。これがフェイクのアクセス数の真犯人である。ネット上で人間に似た行動や書き込みをすることができる。

一説には、ツイッターの書き込みのうち四分の一はこれによるとの調査もあるようだ。繰り返しターゲットを攻撃するハッカーなどのサイバー攻撃にも使われ、利用の仕方次第では〝筋のよろしくない〟プログラムと言える。

こうした事情もあってツイッター社は二〇一八年二月、コンピュータ・アプリの「ボット」の自動投稿などを使って、複数のアカウントから同一の内容の記事の投稿を禁止した。そのため自動や手動で複数のアカウントから全く同じか、ほぼ同じ内容を投稿あるいはリツイート（転載）ができなくなった。二〇一六年の米大統領選などでロシアなどがツイッターでフェイクニュースや偽情報を拡散させたとの批判が強まっており、これにも対処した。日本のユーザーにも適用される。もっとも、地震警報など公益に資する情報は例外。同社は情報の質の改善が目的と説明している。

ロイター通信によると、誤ったニュースや海外からのプロパガンダが「ボット」を通じて発信されたとみられ、ツイッター社は利用者と西側諸国から偽情報の拡散を防ぐよう圧力を受けていた。

オバマ大統領など知名度の高い世界的な著名人や、日本のアイドルグループのフォロワーがここにきて激減しているのは、ツイッター社のこうした対応が反映している。アイドルグループ「仮面女子」の神谷えりなだと、固定読者（フォロワー）がそれまでの一一六万件から二〇一八年七月には七一万件へ大幅にダウンした。偽アカウント削除により、人気のバロメーターとされてきたフォロワーが激減した。水増しされていたのである。

いずれにしろ、アクセス数「いいね！」の多さは、実態を反映していないことが往々にしてある。安易に信じるべきではない。ＳＮＳの運営者が懸命に偽アカウントを削除しているとは言うものの、当面は慎重に対応することが肝要だろう。

3　関連ビジネス

検索すればわかるが、このボットやFBの「いいね！」をネット上から簡単に購入できるサイトがある。購入でアクセス数を水増しし、偽人気を誇示することができる。

自分の曲のCD盤販売で「いいね！」の数を水増しすることで〝人気がある〟と見せかけ、販売増を実現することも夢ではない。「あっ」と驚かすフェイクニュース満載のサイトで広告収入をたっぷり稼いだ運営者のように、SNS上の高い人気は金銭的利益につながるのである。

「いいね」のほか、SNS上で影響力があるように見せかけるための固定読者（フォロワー）や、偽情報を流すアカウントを売買する不穏当なビジネスが拡大している。

ネット上で「ツイッターフォロワー購入」などをキーワードに検索すると、「日本人フォロワー購入一〇〇〇人　三五〇〇円　納期一〇日」「日本人フォロワー購入五〇〇〇人　一万五〇〇〇円　納期五〇日」などと表示される。これを購入すればいい。

ページには内容や条件が付いている。①第三者にフォロワー購入がわからないように時間をかけてを増やしていきます、②一日に一〇〇名前後で一〇日間かけてフォロワーが増えます、③アカウントのパスワードは不要、④一カ月以内にご注文のフォロワー数が一〇％以上減少した場合は無料で再追加致します、⑤フォロワーを増やしてアカウントが凍結される可能性は○%、ご安心ください——など。ITに詳しい業者が、実在するアカウントを利用して架空のユーザーを偽造し、販売しているのである。

こうしたビジネスが成り立つのは、冒頭に触れたように、フォロワーや「いいね」を増やしたいユーザーが多いからである。それらが増えることによって、ネット上で影響力のあるいわゆる「インフルエンサー」（社会に大して大きな影響を持つ人物のこと）になり、広告収入の拡大が見込める。つまり実利につながるのである。賢明な読者ならおわかりだろうが、これは悪質な情報操作と言える。

二〇一七年一〇月に結党した立憲民主党のツイッターのフォロワーが、直後に急増したことがある。「購入したのでは」との声が当然、飛び交った。もっとも、東京新聞によると、チェックの結果、架空のフォロワーは、四カ月後で立憲民主が一一%と、自民党一八%や公明党二六%より少なかった。

ウソニュースを満載して金儲けを狙うフェイクサイトがあることは第2章で紹介した。驚くべきことに、フェイクニュースを作成し、ウェブサイトへ入力する人材、いわばフェイクニュースのライターを募集するサイトもあった。クラウドソーシング業界の大手「クラウドワークス」内に開設されていた。

「政治系記事作成。保守系の思想を持っている方限定」のタイトルで募集され、仕事の種類はブログ記事の作成。望ましい記事内容は改憲、嫌韓、共産党に投票する人は反日、といった内容が記されていた。報酬は一本当たり八〇〇円。同ライター募集は二〇一七年九月にすでに閉鎖された。

同五月には、「保守系まとめサイトの運営管理」の募集もあった。保守寄りの人に受けそうなニュース・話題を探し、目を引くタイトルを付ける。これは一記事五〇円。いずれもフェイクサイトの作成を外注するために主宰者が依頼する形となっていた。

4　アルゴリズム、フィルターバブル、エコーチェンバー

インターネットは何かを調べる時にとても便利である。意外に思われるかもしれないが、検索結果が利用する人によって異なってくる。検索機能のあるスマートフォンなどでも同じだ。

一〇年以上前であるが、筆者が大学教員に転身する以前に勤務していたメディア企業で、不特定多数が利用する会社据え付けのパソコンと自宅の専用マシンでの検索結果を比較し、かなり異なっていること知り、驚いたことがある。

当時はあまり気に留めていなかったが、フェイクニュースに関心を持つようになった最近、そ

の理由がコンピュータの持つアルゴリズムだと知った。

岩波書店の『広辞苑（第六版）』でアルゴリズムを調べると、「問題を解決する定型的な手法・技法。コンピュータなどで演算手続きを指示する規則。算法」と解説してある。つまり、グーグルの検索で、何らかのキーワードを入力すると、その結果を出すため、定型的な手法・技法を通じてコンピュータが作動し、私たちの指令に応じて結果を出してくれる。アルゴリズムとは、その算法ということである。

違いはどの程度なのか。筆者は学内の二〇代の職員に協力を依頼し、それぞれの私用のパソコンで検索した結果を比較してみた。二〇一八年一一月二八日の夜のほぼ同じ時間帯で試みた。キーワードは、「料理」と「石油」。「料理」のトップに登場したのが、料理店三店舗の情報である。職員の①焼き肉屋、②海鮮料理、③居酒屋――に対して筆者は①沖縄料理、②インド料理、③海鮮料理――。料理の好みや傾向などが反映しているのだろう。

二番手は、「レシピ特集二九〇件」で同じ結果だった。三番手は職員の「人気レシピ『みんなのきょうの料理』」に対して筆者はアマゾンが開始した料理配達サービスなどの「料理（関連）のニュース」が登場した。四番手は職員が「料理――Wikipedia」。筆者は職員の三番手に登場した「人気レシピ『みんなのきょうの料理』」だった。

「石油」をキーワードにした検索結果のトップは「石油――Wikipedia」で同じ。二番手は二人ともガソリンスタンド三店舗が表示されたが、店舗名はまったく異なる。住む地域が違うためだろう。以下八位までは同じだが、九位から一一位までは表示される検索結果の順番が微妙に異なっていた。

これが、先に挙げた検索結果の違いとどう関係するのか。インターネット活動家のイーライ・パリサー著『フィルターバブル――インターネットが隠していること』などによると、グーグル、FBなどの検索サイトはユーザーの過去の検索履歴、個人情報などをベースに、それをアルゴリズムによって解析し、ユーザーの好みを観察し、それをもとに推測。同時に見たくないだろうと思われる情報を遮断する。こうした情報のろ過（フィルタリング）を通じて、各ユーザーに対して最も適切な情報を検索結果として提供している。

先ほどの「料理」をキーワードとした検索では、表示された料理店名が筆者と職員では好みを反映して異なっていたことを紹介した。つまり、各ユーザーの好みに応じて情報検索の個人化（パーソナライゼーション）が進展し、検索結果もそれに応じて変わってくるのである。同時に、アルゴリズムはユーザーの好まない情報を知らせることなく、自動的に遮断してくれる。こうした検索結果に囲まれると、アルゴリズムの提供する「自分だけの宇宙に包まれる」ことになる。

これがいわゆるフィルターバブルで、パリサーはアルゴリズムの問題点として①我々を引き裂く遠心力となる、②提供される情報がどれだけ偏向しているのか内側からではわからない、③自ら選択することができず向こう（アルゴリズム）が勝手に決めてしまう——と指摘。同時に「目に見えない自動プロパガンダ装置のようなもの。放任すると自らの考えで自分を洗脳し、なじみのあるものばかり欲しがるようになる」と警告している。

人はもともと自分の意見に近く、自分に都合のよい情報を信じる傾向があることはすでに何度も触れた。自分に都合よく情報を解釈し、さらに自分の考えを裏付けるような情報を集めたがる。SNS上ではアルゴリズムによって似たような考え方の人々が交流し、偏たった見方が一段と助長される。

フェイクニュースをベースとしたデマが独り歩きすることによって、フィルターバブルが憎悪と偏見を増幅し、異様に膨れ上がることになる。ネット時代に入り、社会の分断が進展しているとの懸念や警告を聞くことが少なくない。それにはこうした背景が指摘できる。

フェイクニュースがアルゴリズム経由でエコーチェンバーの中に巧みに入り込むと、自分に心地よいフェイクニュースに包まれ、この世界に疑問を持つことなく、フェイクの世界に安住してしまうことにさえなりかねないのである。

5　封じ込めの動き――ファクトチェックなど

フェイクニュースがネット空間に蔓延するようになった二〇一六年あたりから、世界のメディアは大手を中心に、そのニュースや情報が本当かどうかを検証する部門を設け、その結果を紙面やウェブサイトなどで公開するようになった。

事実と異なるフェイクニュースに危機感を持ったのは、民主主義の守護神と自負してきた新聞、放送を中心とする旧来メディアであった。ネット空間の嘘を正すにはどうするか。バックファイアー効果なども指摘されるものの、とりあえずはフェイクニュースが嘘、虚偽であることを指摘するのが第一ということになった。

英BBC、米AP通信、米ワシントンポスト紙、NHK、朝日新聞など内外のメディアは、嘘を見破るために大なり小なり、フェイクニュースの洗い出し（＝ファクトチェック）をスタートさせている。民間のNPO（非営利組織）団体も誕生しており、「ファクトチェック・イニシアティブ（FIJ）」などもこの一つである。

封じ込めのためメディアが連帯する動きも出てきた。国内の新聞、放送で組織する日本新聞協会が二〇一七年の新聞週間で設定したスローガンは、「新聞で見分けるフェイク――知るファクト」。全国紙、ブロック紙、地方紙は、フェイクニュースに関する特集記事を一〇月の期間中に掲載、大会ではこれに立ち向かう決議を公表した。長いが引用しよう。

「不確かでゆがめられた情報が拡散され、事実を軽視する風潮が広がっている。一方的で感情に訴える主張により、報道の信頼性をおとしめる動きもある。とりわけ大きな社会的責任を担う者が、事実や批判に向き合わなければ健全な民主主義は維持できない」「私たちは、言論・報道活動を通じて国民の安心・安全な生活に寄与するとともに、自由で平和な社会の実現を目指す」「新聞に課された責務を胸に刻み、ジャーナリズムの公共的な使命を果たすことを誓う」。危機感が決議から伝わってくる。

海外のメディアも同様で、ドイツ・ハンブルグで同五月に開かれた世界一〇〇カ国以上の会員で組織される国際新聞編集者協会（International Press Institute：ＩＰＩ）の年次総会もやはり、フェイクニュースが焦点となった。

総会に出席した在米ジャーナリストの津山恵子は、関連のワークショップやシンポジウムが目立ち、その中で、フェイク（偽）かどうかを見破る手法などが披露されたなどと指摘している。

同一一月に南アフリカのヨハネスブルクで開かれた世界調査報道会議（Global Investigative Journalism Network）でも、フェイクニュースの蔓延で注目を集めているファクトチェックのセッションが開かれた。そのモデレーターを務めた元ＮＨＫ記者で、認定ＮＰＯ「ニュースのタネ」

編集長の立岩陽一郎によると、ファクトチェックを取り上げたのは初めてのようで、参加者から自らの手掛けたフェイクニュースに対するファクトチェックの実例が紹介された。

フェイクニュースに焦点を当てるこの流れは二〇一八年も同様で、六月にナイジェリアで開かれたIPIの統一テーマは、「Why Good Journalism Matters（よきジャーナリズムはなぜ重要なのか）」。出席した小松浩毎日新聞主筆は、夕食会で話題になったのがノルウェーの新聞社、公共テレビ、民放が共同で設立したネットの虚偽情報や政治家のウソ発言を評価するファクトチェックのための組織だったと語っている。

第2部

情報操作にダマされないために

——フェイクニュース対策マニュアル

第6章　フェイクニュースの見分け方

――メディアリテラシー

ネット上に氾濫する情報についてフェイク（偽）かどうかをどうやって見分けるのか。この章ではそれを考察しよう。ネット上に拡散するニュースや情報、書き込みの特徴として刺激的な見出しや意表を突く表現の多いことが挙げられる。多くの読者を引き付けるのが狙いで、これはすでに触れたようにネット情報の属性から来ている。

ウェブサイトの運営は、基本的に広告収入に依存している。閲覧やアクセスが増えるほど、つまりページビュー（PV）やユニークユーザーが多いほど実入りが拡大する。閲覧するユーザーの注意を引くために、ストライクゾーンのスレスレ、あるいは逸脱気味の過激な見出しになりがちだ。いわゆる「釣り見出し」である。「面白そうだ」と見出しに反応し、目を通しても別段、大した内容ではなかった。だまされた気分になった経験を持つ読者は少なくないだろう。

ネット上の記事を読み、フェイクかどうかを見分ける大前提として身に付けておきたいのが、「情報を過信しない」「信頼しない」ことである。世間を飛び交うウワサでは、距離を置いて真偽を判断する学生や一般市民が多いのにもかかわらず、ネット上の情報にはなぜかいとも簡単にコロリとだまされてしまう。ネットに対する過信からか、「正しい情報だろうか」「偽ニュースではないか」と疑問を持たないまま信じ込んでしまうのが間違いの第一歩である。だまされないためにも、「これはフェイクニュースではないか」といったん疑ってかかり、そして目を通すことが肝心である。

大学で教鞭をとる筆者の前職はマスコミの記者で、ネットに触れるようになったのは一九九〇年代の中盤以降だった。当時は、通常の電話回線を利用したダイヤルアップ方式が一般的で、アクセスできるサイトも限定されていた。容量の大きなカラー写真のダウンロードには長時間を要し、信頼性は別段高くはなかった。数年後に料金の高いものの、ややスピードの速いＩＳＤＮ（サービス総合デジタル網）へグレードアップしたが、それでも写真一枚のダウンロードには数分かかったのである。

これに対し、光通信やブロードバンドの現在は瞬時に可能である。筆者のネットに対してさほど高くもない信頼感は、ＩＳＤＮ当時の姿が原風景として基本にある。だから進化したとはいえ、ネット情報には疑り深いし、なお疑問を持って接している。これは五〇代以上の利用者に共通しているのではないか。

ところが、デジタルネイティブと言われる現在の学生や、二〇代の若者のネットに対する信頼感はどうだろう。物心ついたころからデジタル環境は身近にあった。瞬時にアクセスできるし、LINEなどを利用すれば、コストをかけずに相手の姿を見ながら、海外の友人との会話さえも可能である。欲しい情報は検索すれば瞬時に得られる。使い勝手が抜群との評価であろう。

これがネット情報に対する過度の信頼につながり、フェイクニュースを真に受け、翻弄される事態を招いていると思えてならない。若者の多くは、新聞はもちろん雑誌や書籍をほとんど読むことがない。だから、身に付いたメディアリテラシー力は決して強くはない。脆弱であれば、中身も読まずに見出しだけで判断し、残念ながらフェイクニュースの拡散にいとも簡単に手を貸すことになる。

評論家の古谷経衡は著書の『ネット右翼の終わり』の中で、狭義のネット右翼のリテラシーの低さについて「ネットを知らない彼らは、ネットを〝万能〟ないし〝万能に近い存在〟と思い込み、そこに書いてあることを〝真実〟と思うようになっても何ら不思議ではない」と指摘している。学生さらには一〇代、二〇代の若者もほぼ同じと考えてよいのではないか。

ジャーナリストの福田直子は自著『デジタル・ポピュリズム――操作される世論と民主主義』の中で、二〇一六年に米スタンフォード大学歴史教育研究グループのまとめた若者のニュースリテラシー報告を引用し、「判明したのはソーシャルメディアとともに育ってきた世代がデジタルメディアの発信する情報に対していかに無警戒かということであった」と警告している。同報告によれば、ソーシャルメディアに慣れ親しんで育ってきた若者は、情報源を確認してその内容が本当であるかどうかを調べようとせず、ソーシャルメディア上にある情報をうのみにしがちだ、と言うのである。これでは、フェイクニュースにだまされ、フェイク情報がネット上に蔓延するわけである。

ネットの発達する以前、ある種の情報やうわさに接した場合、その真偽をどうやって判断したのか。信頼できる友人、専門家などの複数に問い合わせ、新聞、雑誌、書籍などを漁って確認したのではないか。うわさなどを耳にした場合、ネットで検索し、その真偽を確かめる行動は現在でもイロハのイ、必須事項であることは疑うべくもない。

1　だまされない方法とは

(1) ＢＢＣの場合

ファクトチェックの組織を立ち上げた英ＢＢＣ（英国放送協会）は、直後の二〇一七年二月の

図表1　フェイクニュースのチェック方法（BBCのケース）

1	単純さにそそのかされない。自分の情報源に確かめてみよう
2	美しく飾った写真には賢く対応しよう
3	好奇心を持つ
4	正反対のことを考える
5	自分の無知を受け入れる
6	自分を包む覆いを超えて調べる

記事「フェイクニュースにだまされない方法」の中で、見破る六つの方法をウェブサイトに掲載している。簡単しかもわかりやすいので紹介しよう。

執筆した人間の行動様式、脳の働きなどに詳しい科学の専門記者デビッド・ロブソンの筆頭に挙げるのが「単純さにそそのかされない」「自分の情報源に確かめてみよう」。多くの研究から、ウソの捏造が驚くほど簡単だということがわかっている。わかりやすい単純な話でいたずらができる。テレビに頻繁に登場する知名度の高い人物であれば、専門性に欠けていてもそのウソをユーザーは信じやすいと、ロブソンは語っている。

二つ目は「美しく飾った写真には賢く対応しよう」。写真はコンピュータ・ソフトで簡単に加工できる。合成写真を見破るため複数の情報源を通じての確認を勧めている。

三つ目は「好奇心を持つ」。群れる考え方に歯止めを掛けること、バランスの取れた思考法で見破ることが可能と説いている。

四つ目は「正反対のことを考える」。これを心がけることで偏見を減らし、よりバランスの取れた見解に到達できる。ロブソンはそれ以外に「自分の無知を受け入れる」「自分を包む覆い（bubble）を超えて調べる」などを挙げている。謙虚になり、ほとんど訪れたことのないニュース源に触れてみると当然と思っていた事実に疑問を投げかける情報を見付けて驚くかもしれない、とも語っている。これはネット検索で可能だ。

(2)真剣にググろう

共同通信のニューヨーク元特派員で、米国のメディア事情に詳しい在米のジャーナリスト津山恵子は新聞通信調査会の『メディア展望』（二〇一七年六月一日号）の中で、フェイクニュースを見破る五つの方法を挙げている。ドイツ・ハンブルグで開かれた国際新聞編集者協会（ＩＰＩ）の年次会議で紹介された新聞、放送のノウハウがベースである。

①おかしいと思った情報は検索で確認、②自分がシェアする情報に責任を持ち、真偽がわからない場合はシェアしない、③主要メディアはフェイクニュースを発信しない、つまり、主要メディアのニュースをシェアするのは安全――と前置きした上で以下の五つを挙げている。

筆頭は「真剣にググろう（検索しよう）」。津山によると、会議で著名なスポーツマンの偽死亡記事が話題になった。検索サイトで確かめたが、いずれもヒットしなかった。出てこなければフェイクニュースと考えてほぼ間違いない。

図表2　フェイクニュースのチェック方法（津山恵子氏のケース）

【ニュースに対する基本姿勢】

1	おかしいと思った情報は検索で確認
2	自分がシェアする情報に責任を持ち、真偽がわからない場合はシェアしない
3	主要メディアはフェイクニュースを発信しない（主要メディアのニュースをシェアするのは安全）

【フェイクニュースを見分けるには？】

1	真剣にググろう（検索しよう）
2	写真の出所、撮影時期をチェックしよう
3	他人の意見を聞こう（コメントを読んでみよう）
4	面白いビデオにだまされない
5	ファクトチェックサイトを使おう

二つ目は「写真の出所、撮影時期をチェックしよう」。会議では、二年前の独旅客機墜落事故のツイッターに掲載された写真が話題になった。グーグルの映像検索にかけると、六年前の別の事故の映像が出てきた。誰がどこでいつ撮影したのかを確認する必要がある。

三つ目は「他人の意見を聞こう（コメントを読んでみよう）」。シェアされる映像にはコメントが表示される。疑問を呈するコメントがある場合は疑ってみた方がよい。

四つ目は「面白ビデオにだまされない」。シドニーでサメと闘うビデオが話題となった。最終的には、サメが水中で近づいてくるところに違和感があった。水族館で撮影された可能性があると指摘された。

五つ目は「ファクトチェックサイトを使お

う」。おかしいと思う記事、情報をみたら「factcheck.irg」「firstdraftnews.com」など事実確認に特化したデジタル情報サイトを利用しようと提案している。

⑶事実か意見か

元朝日新聞記者でジャーナリストの烏賀陽弘道は著書『フェイクニュースの見分け方』の中で①公開情報に当たる重要性、②オピニオン（意見）は捨てよ、③発信者が不明の情報は捨てる、④フェアネスチェック、⑤媒体よりも発信者で選ぶ――などを挙げている。

これは計三〇年以上の記者生活などを通じて培った識別法で興味深い。「公開情報に当たる重要性」とは新聞、放送など、すでにマスコミで紹介されている各種情報や図書、書籍の情報と照らし合わせて真偽を判断すること。ネット検索でこの作業が可能としている。津山の「ググろう」と符合する。「オピニオンは捨てよ」はややわかりにくいが、証拠となる事実の提示がないこと。つまり、ファクト（事実）の裏付けのないオピニオンが社会にとって重要なことはほとんどない。あっても例外的なことと断じ、根拠と事実の裏付けが真偽の判断で大事と指摘している。

その一方で、オピニオンが価値を持つ例外は、それが「事実」として重要性を持つケースを挙げる。米国大統領の軍事外交政策などである。

三つ目の「発信者が不明の情報は捨てる」は、言い換えれば、匿名情報は信じるなということ。

図表3　フェイクニュースのチェック方法（烏賀陽弘道のケース）

1	公開情報に当たる重要性
2	オピニオン（意見）は捨てよ
3	発信者が不明の情報は捨てる
4	フェアネスチェック
5	媒体よりも発信者で選ぶ

無責任な情報になる可能性が高く、デマの温床になりがちである。

「フェアネスチェック」とは、現実は善悪で割り切れることが少なく、この相反する両面を等しく公平にみることがフェアであり、それができているかということ。「媒体よりも発信者で選ぶ」は、誰でも自由に情報発信できるネット社会に入り情報の質が問われる時代になったが、そうした中で情報発信者の信頼度を判定する方法とも言える。

烏賀陽は、「正確に引用しているか」「正確な言葉の定義に忠実か」「具体的に何の専門家か」をベースに判断している。引用と定義の正確性は、情報の正確さと符合する。その分野の専門家かどうかの判定では、アマゾンによる著書の検索で得られるその人物の経歴などによるチェックを勧めている。

これ以外にも、①ネットでの注目度数が高い発信者が「質の高い言論」を発しているとは限らない、②陰謀史観は相手にしない、③企業や政府などの宣伝に沿った話は疑う、④断言の強さは正確さと関係ない——を挙げている。いずれも納得できる判定法である。

NHK報道局編集主幹などを勤めた塚田祐之は自著『その情報、本当ですか？――ネット時代のニュースの読み解き方』の中で、フェイクニュースの見分け方について、どんな情報でも「まずおかしい」「そんなことがあるのか」と疑うことが第一。そして、その情報で「誰が得をするのか」「誰が損をするのか」を考えることが大事と提唱している。

モデルケースとして塚田は「ローマ法王がトランプ氏を支持」を取り上げ、世界平和を希求する法王が自国優先を訴え、対立をあおるトランプ氏をはたして支持するのだろうか。ネットで検索すると、トランプ氏を批判する法王の過去の記事が見付かると指摘している。

三九ページなどでも紹介した平和博は、メディアの体裁をとっているサイトだとその説明のページにアクセスし、概要、運営主体、運営スタッフ、連絡先が記されているか、そしてその信憑性を確かめることが手掛かりになると記している。

2　筆者の方法

(1)内外のサイトで確認

大学の講義でジャーナリズム論、国際ジャーナリズム論、総合英語などを担当している筆者は、内外の新聞、放送、国際通信社、雑誌などのウェブサイトを起き抜けにチェックし、一日に数回確認するのが日課である。「これは本当かな」「違うんじゃないのかな」とフェイクニュースにぶち当たることが少なくない。教員への転身前は三〇年以上も記者だったこともあり、情報の真偽を確認するための調査は上級者に分類されるのではないかと考えている。これまで挙げたフェイクニュースの見分け方との重複もあるが、それを紹介しよう。

偽かなと思われる情報にぶち当たった時に励行しているのは、まず冷静になり、検索サイトで確認することである。これでヒットしなければ、まずフェイクと思った方がいい。

第2章で紹介したフェイクニュースの典型である、産経新聞の号外を装った「安倍首相逮捕」などの怪情報は、事実であれば超ド級のビッグニュースだから、テレビだと臨時速報、あるいは新聞のウェブサイトに必ず掲載されているはずである。なければフェイクである。

全国紙よりスピードのある共同通信社の速報だと、事件や事案の発生と同時に記事が入力される。加盟新聞社サイトの「Ｆｌａｓｈ（フラッシュ：ニュース速報の意味）」「速報」のコーナーをみれば、最新のニュースをチェックできる。鹿児島出身の筆者は、南日本新聞や宮崎日日新聞のサイトを閲覧することが多く、新聞の一面を張れそうなホットニュースを瞬時に知ることができる。スポーツニュースなども同様だ。

疑り深い性格もあって、メディアが報じた記者会見の記事でも、にわかに信用できないことが少なくない。閣僚級だと、霞が関中央省庁のウェブサイトで記者会見の一問一答のやり取りを確認できるから便利だ。キーワードを入力すれば、発表された報道陣への配布資料、白書、過去の情報まで幅広く入手可能である。地方自治体も同様である。

専門的な情報の確認で大事なのが、その筋の専門家に聞くことである。学生であれば、先生あるいは、講義などでお世話になっている教官などに問い合わせてみよう。

マスコミの絶大な威力を示す戦前の古典的ケースとして、米CBSラジオが放ったSF番組『宇宙戦争』がある。著名な映画監督で知られるオーソン・ウェルズが関わった迫力満点のラジオドラマで、アナウンサーが火星人侵入を伝える臨時ニュースや陸軍基地での銃撃戦などが、臨場感あふれる銃声などを交えて演出された。視聴者の多くは現在進行形の事実と受け止め、車で逃げ出す人も出るなどパニック状態となった。

だがその一方で、警察や基地へ電話を入れて冷静に対応する人もいた。これからもわかるように、フェイクニュースに踊らされ、慌てて拡散する前に、関連する組織や身近な知人に問い合わせ確認することが重要だろう。

海外情報の場合は、国内のサイトでも可能ではあるが、やはり海外のウェブサイトを直接訪問し、確かめるのが近道だろう。辞書を頼りに読めば、語学力が付くこと請け合いである。

筆者が頼りにしているのは国際通信社だと、英ロイター通信、米AP通信である。中国には新華社通信があるが、速報性は期待できない。共産党系の国営で、政府のプロパガンダ色を帯びていることにも留意が必要だ。もっとも、中国政府の考え方は知ることができる。ロイター、AFPは日本語のサイトもある。

新聞、放送だと、米国ならニューヨーク・タイムズ紙、ワシントン・ポスト紙が両横綱、経済であればウォールストリート・ジャーナル（WSJ）紙。放送は世界的な情報網を誇る二四時間放送のCNN。欧州ならファクトチェックに積極的でバランスの取れた国際報道で知られる英BBCやグローバル・ジャーナリズムの英ガーディアン紙、欧州経済に詳しい英フィナンシャル・タイムズ（FT）紙もある。日本語サイトだと仏AFP通信、CNN、BBCなどがいい。

韓国の情勢は日本語、英語のサイトのある中央日報などを通じて、中国は国営のCCTV（中国中央テレビ）の英語版、中東情報はカタール・ドバイが拠点のアラビア語でアラビア半島を意味する独立系放送アルジャジーラの英語版などでチェックしている。

(2)「戦場の掟」のウソ

約三年間シリアで武装勢力に拘束されていた、フリージャーナリストの安田純平さんが解放され、二〇一八年一〇月に日本へ帰国した。帰国後、相も変らぬ自己責任論が飛び交う中で、戦場カメラマン渡部陽一の語ったとされる「戦場取材の掟」がネット上で話題になった。

八つで構成される掟で注目されたのは、「捕まるやつはその時点でジャーナリスト失格」との項目。ツイッター上では、「これは正論」「一流のジャーナリストは違う」などと評価する声と、「渡部さんの雰囲気ではない」「ニュースソースが不明でフェイクではないか」などと否定的する見解が相半ばした。

最終的には、渡部自身が否定したことで偽ニュースと判明した。もとを正すと、三年前にやはりIS（イスラム国）に拘束され、殺害されたフリージャーナリストの後藤健二さんの関連で自己責任論が飛び交い、この「戦場の掟」が掲示板に捏造され、そのコピーが今回あらためて拡散したようだ。つまり、意図的なフェイクニュースだったのである。三年前のフェイク情報を使い、自分の主張したい自己責任論を補強したのであれば悪意があったと考えざるをえない。

フェイクかどうかを判断する基本がニュースソース、出典の有無である。渡部の普段の行動から、そのような発言は聞けないだろうとのバランス感覚、判断力も見分ける尺度であろう。なお、このフェイクニュースでは、お笑い芸人スマイリーキクチが渡部の否定後もなお、このデマを拡散させる勢力がいたことに対し、「感情に流されて自身の非を受容しない。デマを見抜けない人よりデマを認めない人が危険なんだ」と苦言を呈している。

3　半分ホント半分ウソ

先の米大統領選で、ドナルド・トランプの当選に大きな役割を果たしたマケドニアのフェイクニュースを量産した若者たち。彼らは、人気を呼ぶフェイクニュースのキーワードに「半分ホント半分ウソ」を挙げていた。真実とウソが混在するから、事情通でなければ事実のように錯覚しがち。一種、釣り見出しの雰囲気もあり、ヒット数が稼げる。広告収入にも直結する。

二〇一六年の熊本地震で動物園からライオンが逃げ出し、住宅街をうろついているというフェイクニュースが拡散され、広く知られるようになったのは、「大地震があった」のは事実で、動物園のライオンが逃げ出す可能性も場合によっては想定できたからである。さらに、大災害の発生で漠々たる不安が市民の多くの頭にあり、その合間にあざとく入り込んだウソとも言えるだろう。半分ホント半分ウソのフェイクニュースの典型的なケースと言える。

(1)事実とウソを判別する

二〇一七年一一月二八日付朝日新聞朝刊のオピニオン欄に、「フェイクニュースとどう闘うか」のタイトルの記事が掲載された。中身は、映画『否定と肯定』の主人公の歴史学者米エモリー大学教授デボラ・E・リップシュタットのインタビューである。歴史学者のリプシュタットは、ユダヤ人大虐殺ホロコーストの否定論者と法廷で立ち向かい勝利した。約五年を要した長期裁判の費用は、二〇〇万ドル（約二億二〇〇〇万円）だった。

インタビューの中で教授は、「彼らは証拠を捻じ曲げ、記録や発言を文脈から外し、部分的に抜き出し自分の主張と矛盾する証拠の山は切り捨てる」「わざと間違って引用したり、半分だけ引用したり、事件の発生順番を入れ替えたり、ドイツ語の原文をあえて間違った英語に訳したりして結論を都合のよい方向にもっていく」「とても巧妙で普通の人は信じてしまいます」と否定論者の悪辣な手法を説明した。

フェイクニュースが拡散しているSNSについて、「多くの恩恵を与えてくれましたが、客観的な事実とウソの違いがわからなくなり、それらを同列にしてしまった」と嘆く。米国の地球温暖化やオスマン帝国でのアルメニア人虐殺事件の否定論者を念頭に、「トルコの人たちにとっては認めたくはありません。『不都合な歴史』ですから。そんなことは起こらなかったという方が、都合がいい。日本の慰安婦問題や南京大虐殺はなかったという論も同じではないか」と指摘。そして最後に、「今は非常に多くの政治的なリーダーが、でっち上げをしてまるで真実のように言い募る時代です。我々は国の中で一番偉い人にでも『証拠を示せ』『事実を示せ』と言い続けることが大切です」「今は真実と事実が攻撃されている」「ウソと事実を同列に扱ってはいけない」

と教授は強調している。

このインタビューなどからわかることは、事実とウソを巧みに混ぜ合わせていかにも本当と思わせるフェイクニュースが世の中に作られ、ネット上に浮遊しているということである。だまされることが決してないように、私たちも感覚を研ぎ澄まし、何が本当で何が事実でないのかを判断する必要がある。

(2) 違和感

ネット上のさまざまな情報に毎日接している筆者にとって、最近違和感を持った記事がいくつかあった。完全なフェイクとは言えないが、「本当にそうなのだろうか」と考え込んでしまった。参考になるかもしれないので具体例を挙げて真偽のほどを検証してみよう。

経済誌『週刊東洋経済』などを発行する東洋経済新報社の主催するウェブサイト「東洋経済オンライン」に掲載された、外部寄稿者による記事である。サイトの説明によると、情報配信プラットフォームで、社内外のジャーナリスト・ライターの協力で運営している。

掲載記事の信頼性について同社は、合理的な努力を挙げる一方で、同社およびその情報提供者は一切の責任を負わないと明言している。記事には執筆者名が掲載されているが、責任は問われないことのようだ。ということは、記事の真偽を議論してもあまり意味はないということでもあるのだが。

焦点の記事は、在仏の皮膚科専門医岩本麻奈による「フランスの子は勉強の際に『鉛筆』を使わない――間違いを消さない教育で身につくものとは？」であった。ブログなどによると、岩本は一九九七年にフランスに渡り、現在フランスを拠点に日・仏を往復し生活している。

記事は、冒頭の「小学校から大学院に至るまでずっと学校の机の上に消しゴムのカスが落ちることはありません」から始まる。では筆記用具は何なのか。小学校に入学後はボールペン。訂正、修正は横線を引き、あるいは修正液を使う。高学年や中学生だと万年筆に変わるとの説明である。では、鉛筆は全く使用しないのか。岩本は、「図画などではもちろん使用する」と断っているものの、「勉強にはあえて消しゴムで消せる鉛筆ではなくボールペンや万年筆を使う」と強調している。

では、これが幼い子にどんな影響を与えるのか。岩本は「できるだけ美しく書き、修正しないように気を付けることになる」「教師は子供たちのすべてを把握できる」「子供の個性までが筒抜けになるため採点する教師としては適格な評価と指導が可能になる」としている。

そして岩本は、日本の教育は小・中学校で、消しゴムで消せる筆記用具を使う人が大半で、「消してなかったことにする」ことで金太郎あめ式教育につながると断言する。こうした考え方が、ひいては個性を抹殺して凡庸な集団への同調圧力となる、とする。

さらに岩本は、消しゴムを使わない生き方を続けていくと、「人生そのものがリセットできない」という思いを持つことになる。「自らの責任を引き受けて生きていくと、人間としての気概が養われてきます」などと続く。

最大のポイントは、この記事に岩本の主張、意見を裏付ける証拠が残念ながら一カ所も登場しないことである。教育をする側の教員や受ける側の児童、学生の話、つまり取材した形跡が一切ない。教育機関の見解などもない。日・仏両サイドの意見がわずかでもいいので盛り込まれていると、説得力が出て来るのであるが、それもない。論理の飛躍も感じる。

疑問を感じた筆者は、まず、フランスで鉛筆（crayon）や消しゴム（gomme）が売られていないのかをネット上で検索してみた。アニメのキャラクターが描かれているカラフルな鉛筆や消しゴムが登場した。販売されているようである。ただし、フランス語力に乏しいため、これが図画用とは確認できなかった。

このため、所属する大学のかつての同僚（当時茨城大学准教授＝憲法）で、現在パリ在住の二児の母の齋藤笑美子に岩本論文のアドレスを添付して、メールで問い合わせてみた。返事はすぐに帰ってきた。齋藤によると、現地の幼稚園に通う長女は鉛筆を使っている。小学校に入るとペンを使うようだが、鉛筆を使うかどうかは「Ca depend（お好み次第）」。フランスの大学の大学院に在籍したこともある齋藤の経験では、ペン派もいたが「消せるボールペンが結構人気」「（岩本のように）そこまで確固たる哲学的な理由があるものでもない」との返事が返ってきた。

フランスの話ではないが、欧州の事情がわかるのではと思い、ロンドンの小学校に三年間在学し、現在米国に在住し、現地の米企業で働く青年に問い合わせてみた。

青年は、「ペンを使うのは日本のように質の高い紙、消しゴム、鉛筆がないからではないか」と指摘してくれた。つまり、米国にも共通することだが、鉛筆で書いた文字を消しゴムで消すと白い紙が真っ黒になる。紙が破けたことも一度や二度のことではない。万年筆も使ったが、修正液で書いた文字の色がペンの色と違うので、嫌がる教師もいたと教えてくれた。

この青年は、「高尚な思想があるというよりも、手に入る文房具を使うということではないのか」との意見だった。

私も前職の特派員として欧州に三年強滞在し、欧州各地を訪問し、さまざまな記事を書き、いろんな日本人、欧州人と付き合い、文化的な見解も聞いた。英国はよいところもあるし、日本の方が勝っているところもある。それぞれを記事にしてきた。帰国すると、欧州は優れていて日本はダメという論調は現在でもよくあり、著名な米ジャーナリストのウォルター・リップマン流の、ステレオタイプの思考を感じることが相変わらずある。

岩本論文についても、事実の裏打ちに欠ける、ご自分の意見のように感じるのは筆者だけだろうか。全面的に間違っているとは断定しないが、説得力が十分あり、同意が得られる記事とは必ずしも言えないのではなかろうか。フェイクニュースかどうかは多方面に情報を求め、時間をかけて判断するのが好ましいと考えている。

4　釣り見出し

フェイクニュースの定義で触れたが、法政大学准教授の藤代裕之は「釣り見出し」にこれを含めるケースがあると指摘している。その関連で筆者が思い出したのが、二〇一八年五月一三日付で文藝春秋社が運営する「文春オンライン」上に登場した、スポーツジャーナリスト林田順子による「メディアが指摘しない、川内優輝ボストン優勝の『本当の意味』」である。公務員ランナーとして知られている川内は、同優勝を機にプロのランナーに転向することを明かしている。

記事は、林田が陸上駅伝マニア集団を主宰する西本武司に「川内ボストン優勝の本当の意味」の解説を求める形となっている。ボストンマラソンに出場するための、そして現地での秘話は紹介されているのだが、筆者は何度読んでも記事のどこの部分に「本当の意味」が記されているのかがわからなかった。

ネット上の記事には、往々にして「マスコミ（新聞、メディア）が報道しない」「知られざる秘話」などの見出しが登場する。読者の関心を引き付けるための常套手段、つまり「釣り見出し」と言えばそれまでだが、藤代の指摘するフェイクに当たるのではなかろうか。

すでに簡単に触れたが、同じようなケースを評論家の古谷経衡が著書の『ネット右翼の終わり』で指摘している。古谷は、「狭義のネット右翼」について、「保守派」の知的体系の「ヘッドライン」にのみ寄生した存在であって、それをネット上で拡散させることにより、完全に「ネット空間」だけに自閉した存在であると語っている。

古谷の指すヘッドラインとは、雑誌の記事や論文、書籍の見出し、目次などを意味している。ネット右翼は保守派の記事や論文を読まずに、アマゾンなどの検索サイトでそのタイトルや目次を探し、それだけを引用し、著書の内容とは大きく乖離した、読むに堪えない差別色の濃いヘイト記事をネット空間に氾濫させている。これも「釣り見出し」の一種と言えるだろう。

筆者の大学の講義で、学生に対して「だまされそうになったフェイクニュース」を募集したところ、挙がったのが当時健在だった翁長雄志沖縄県知事に関するネット上に流れていた情報「知事の娘さんが北京大に留学し、夫が中国人」だったことは第2章で紹介した。

見出しを初めてみると、「ホントかね」と本文に目を通したくなる。事実無根のウソであれば、政治色を帯びた極めて悪質なプロパガンダであり、いわゆる〝釣り〟情報である。もっとも、知事の娘さんが北京大学に留学していようと、そのご主人が中国人であろうと何ら問題はないのであるが、ネット右翼はそれを大問題と受け止めるようだ。

このフェイク度をさらに増幅したのが、約二五万人のフォロワーを持つ元航空幕僚長で都知事選に立候補したこともある田母神俊雄であることを紹介した。

ＢＢＣのフェイクニュースを見破る手法の一つに、「テレビに頻繁に登場するような人物であれば専門性に欠けていても話を信じやすい。自分の情報源に確かめてみよう」がある。知名度の高いことがフェイクニュースを流さない根拠には一切ならないのである。これはまさに絵に描いた実例であろう。

5　身に付けたい一般常識

メディア教育の中で情報の読み解き方、つまり、メディアリテラシーの涵養が叫ばれて久しい。これは、新聞、放送、書籍、雑誌、インターネットなどの各種メディアが発信する情報を主体的に読み解き、情報を理解する能力のことで一九八〇年代に登場した。

ネットが普及し、誰でも自分の考えや情報を自らが発信できる時代となった結果、情報が氾濫し、メディアとどう接していくかがキーワードになる中で登場した概念とも言える。当時、フェイクニュースは現在ほど多くもなく、深刻な問題ではなかった印象だが、それでもメディア情報への接し方、メディアへの対応が焦点となった。

知り合いの六〇代後半の元新聞記者が最近、若者のメディアリテフシー力のなさを自らのブログで嘆いていた。何かと言うと、知人の知り合いの若い女性がやけり自身のブログで、「日露戦争の日本海海戦でロシアに国産の軍艦で戦い、勝った日本の技術力は凄い」と驚嘆していたというのである。

知人によると、東郷平八郎元帥の乗船していた戦艦三笠をはじめとした当時の日本海軍の主力艦は、英国、イタリア、フランス、アメリカ製などで国産ではなかった。つまり日本海軍は、外国製の武器を駆使して当時のロシアの誇るバルチック艦隊を撃破した。何のことはない、女性はフェイク情報を書き込んで、自らの無知を世間に堂々とさらけ出していたのである。

恥をかかせては可哀そうだと思った知人は、メールで知らせてあげたところ「本当ですか」との返事が来たのだが、訂正したかどうかは確認していないようだ。残念なことに、女性のブログのコメント欄には「そうだ」「日本の工業力は素晴らしい」との別のブロガーの礼賛が書き込まれており、「最近の若者は大丈夫か」と心底心配したという。この若い女性が機転を利かせて東郷元帥の乗船していた戦艦三笠をネットで検索しておれば、英ヴィッカース製ということが瞬時にわかるのだが。

ブログを扱うのだから、女性は一般の若者と同程度のＩＴ力はあるのだろう。バルチック艦隊を撃破した伝説的な日本海海戦（一九〇五年）の話は、ネット上で知り、卓越した日本の技術力が勝利に結び付いたとのフェイクニュースを真に受けて、信じ込んだと推察される。自分の知らない情報は念のため調べ、確認する労力を惜しまないことが、フェイクニュースを見分けるコツである。

友人はこれとは別に、フェイスブックでのやりとりで驚くべき経験をしていた。歳下の友人のクイズ愛好家にコメントを寄せたら、「戦争中、日本は原爆開発に成功していたが、昭和天皇の反対で使いませんでした」と返信されたという。高校時代に化学部に所属した筆者も、原子爆弾には興味があり、科学モノの定番、ブルーバックスの山本克哉著の『原子爆弾——その理論と歴史』などに最近も目を通したが、「日本が開発に成功していた」との記述のある文献に出会ったことはない。むしろ、技術力がなく開発を断念したといずれにも記されていた。

出所不明のフェイクニュースを疑うことなく、無邪気に信じ込み、捏造情報を創り出し、拡散さえしている。なぜこうした深刻な事態が発生するのだろう。若者のみならず中年、壮年、老年も、メディアリテラシー力がいよいよ必要とされる時代に来ているようだ。

リテラシー力は自らの知識、教養、情報収集力、判断力など、大げさにいけば全人格が試されると言っていいだろう。英語など他の言語が理解できると、日本のメディアと異なる視点の記事やニュースの基礎となった情報などを入手でき、リテラシー力は一段と高まる。

財界の一角をなす経済同友会の機関誌『経済同友』（二〇一八年七月）に「リーマン・ショック

から一〇年——日本企業はどう変わったのか」との特集記事が掲載されていた。興味深いのは、リーマン・ショックから一〇年さかのぼる一九九五年から二〇一五年までの日中米のドルベースのＧＤＰ（国内総生産）の比較である。ベースとなるのは、ＩＭＦ（国際通貨基金）と内閣府の統計である。

記事では、一九九五年に七四〇〇億ドルだった中国のＧＤＰが、二〇一五年には一一兆一〇〇億ドルと約一六倍に拡大。米国だと七兆六六〇〇億ドルから二・五倍の一九兆三九〇〇億ドルへ増加した。これに対し日本は、円ベースこそ五一六兆円から五四九兆円へ六・三％増えているが、ドルベースだと五兆四五〇〇億ドルから四兆八七〇〇億ドルとなり、一〇％強縮小している。

解説記事の中に「先進国中でＧＤＰが一番収縮したのが日本だ」との指摘がある。これからわかるのが、安倍晋三首相の強気な発言とは裏腹に、アベノミクスが本当に成果を挙げているのかの疑問だ。日本経済はこの二〇年間でドルベースでは縮小しており、世界から縮小均衡国としてみられている。

安倍首相は、二〇一八年九月一〇日の自民党総裁選の会見の中で、「五年前と比べて六〇兆円ＧＤＰが伸びています」と胸を張った。だが、このＧＤＰにしても二〇一六年一二月に国際基準に合わせるなどの名目で研究開発投資を追加、データの入れ替えなどの見直しによって、二〇一五年度のＧＤＰを三二兆円かさ上げした。実質は変化していないのに基準を変更したことで三〇兆円程度吊り上げたのである。

内閣府が一般にこれを周知・説明を徹底したとは言いがたい。このためネット上で検索すると、「GDPかさ上げ疑惑」「名目GDPが過去最大のウソを暴く」「自民党：GDPをかさ上げして発表していた。改竄　嘘つき」などの記事が並んでいる。

「日本経済の停滞を打破」「信任を得て、力強い外交を進めていく」。安倍首相は二〇一七年秋、国難突破を掲げて野党の準備不足を突いて衆院を突如解散した。議院内閣制による民主主義制度の最も基本となる主権者である私たち有権者が、自分たちの代表を選ぶ厳粛な総選挙をゲームのように考えているようだ。就任五年が経過しても、経済は拡大するどころか逆に縮小、日本の国際的な地位は下がるばかり。アベノミクスは成果を挙げているとの首相の主張は空虚に響く。残念なことである。

案の定と言うか驚くべきことと言うべきか、二〇一九年一月には厚生労働省が実施している毎月勤労統計の調査に不正が見付かった。アベノミクスの成果を大きく見せるため、労働者の受け取る賃金をかさ上げするため統計を〝改ざん〟〝偽装〟〝捏造〟した疑いが出ている。官邸の指示や官僚の忖度の可能性も排除できず、そうだとしたら悪質な情報操作、世論操作であることは間違いない。二〇一八年に発覚した財務省の森友学園関連の文書の改ざんを上回る、官僚の安倍政権に対する忖度ではないかとの厳しい見方もある。

第7章　ネット時代のルール

1　気を付けたいコピペ

これまでフェイクニュースについて、背景などを分析してきた。「本当だろうか」「ちょっと違うんじゃないかなあ」と感じれば決して慌てず、落ち着いて記事を読む。不審に思えば、ネット検索を利用し、あるいは物知りの友人、先輩、後輩などに問い合わせて真偽を確かめる。正しい情報で友人らに知らせたいと思えば、そこで初めてシェアすることなどを学んだ。身に付けたメディアリテラシーを駆使して、この世の中を生き抜くことは、私たちにとってとても大切なことである。

本章ではよくありがちな、ネット情報のコピー・アンド・ペースト（コピペ）に代表される他人の情報を利用する際に留意すべき「著作権の侵害」など、守るべきルールをいくつか挙げて解説、紹介しよう。本章は、文化庁長官官房著作権課が作成した『著作権テキスト――初めて学ぶ人のために（平成三〇年度版）』を参考にまとめた。ネット上からダウンロードできるので、関心のある向きは活用してほしい。なお、環太平洋パートナーシップ協定（ＴＰＰ）の合意に伴うＴＰＰ関連法案が国会を通過したため、著作権の保護期間が七〇年に延長となった。本章にはこれも盛り込んだ。

筆者が教員を務める茨城大学人文社会科学部は、卒業する学生全員に卒業研究を課している。これで及第点を取らないかぎり卒業できない。早い学生は入学直後から、多くは三年生の夏休み前から構想を練り始め、一年以上を費やして執筆。提出するのは四年生の一二月となる。Ａ四判で五〇枚前後が標準的な枚数である。四〇〇字詰め原稿用紙だと二〇〇枚近くなるから、学生にとってはたいへんな作業だ。

教員側からすると、最初は多すぎるほどの注文にまみれた論文であることが少なくない。だが、書き直しや修正を経て驚くほど改善し、一一月中旬頃には何とか体裁がついてくる。一二月の期限には一人前の卒論となるのが通例である。

その中で毎回お目にかかるのが、ネット上の論文のいわゆる「コピペ」である。ネット上の記事でも著作権があり、自分が書いた論文のようなふりをして張り付けると、それはいわゆる「パクリ」となり、法的には著作権の侵害に当たり、刑事責任を問われることになる。

「コピペは絶対にわかる」と何度念を押しても「暖簾に腕押し」。毎年お目にかかるのが残念なかぎりである。便利な世の中になったもので、盗用を判定してくれるコンピュータソフトがある。利用すれば、コピペの部分や出典が瞬間にわかる。そうしたソフトがなくとも、コピペと思われる部分を検索にかければ、盗用した論文が簡単に判明する。

興味深いことに我がゼミ生は、ネット上からの図表、画像などのコピペの出典はていねいに明示してくれるのだが、論文となると、その引用には論文の執筆者を含めて説明のないことが少なくない。著作権を侵害しないためにも論文や図表、写真などを引用した場合は、必ずその出所と著作権者を明示しよう。

2　知的財産権

少しばかり著作権をめぐる法的な枠組みについて説明しよう。この章で話題とする「知的財産権」とは、発明を保護するための特許権などを含む「産業財産権」とともに、「著作権」などから構成される。

「知的財産権」とは、知的な創作活動によって何か創り出した人に対して付与される「他人に無断で使用されない」権利で、「知的所有権」などと呼ばれることがある。「特許権」以外にも、「実用新案権」「意匠権」「商標権」が「産業財産権」に含まれる。そのほか、半導体回路の配置を保護する「回路配置利用権」などもこの対象となっている。

こうした権利を保護することによって、文化の発展の寄与を目指すのが著作権法である。悪戦苦闘し、多大な時間をかけて、たいへんな努力の末にコンテンツを作成した人の努力に敬意を表する。そして、著作権者の持つ利益と公共の利益を比較考慮し、公共性が優先される場合もあるというのがその考え方である。

さて、卒論などの執筆でコピペの是非を考える場合に問題となってくる「著作権」には、著作物を保護する「著作者の権利」と、実演などを保護する「著作隣接権」がある。特許などの産業財産権などは、その権利を取得するために申請、登録などの作業か必要だが、著作権は、こうした手続きは必要とせず、著作物の創られた段階で自動的に付与される。

つまり、ネット上にある論文、記事、画像、図表などは著作権フリーのものを除くと、作成された段階から他人に無断で利用されない権利がある。ルールを決めて、論文、記事など著作物を生み出した人の権利を保護するわけだ。皆さんが今、目を通している筆者のこの論文も、無断で利用されない権利があるということである。

3　著作権

　創作した著作者の権利が対象となる著作物は、著作権法で「思想又は感情を創作的に表現したものであって、文芸、学術、美術又は音楽の範囲に属するもの」と定義している。具体的には、小説、講演、楽曲、絵画、地図、コンピュータ・プログラム、ビデオなどと幅広い。論文やマンガ、イラスト、アニメ、風景・肖像写真、映画なども当然入る。コピーなどの利用では、著作権者の了解が必要となる。

　創作が加わっていない他人の作品の模倣や、創作性に欠ける「ありふれたもの」、表現される前のアイデア、料理のレシピ、ファッションなどは著作物から除かれる。なお、憲法その他の法令、国、地方公共団体などの告示、訓令、通達や裁判所の判決、決定、命令なども著作権法一三条で除外されている。

　著作者の権利は、著作人格権と著作権（財産権）によって構成される。保護される期間は、七〇年。著作物などを「伝達する者」（実演家、レコード製作者、放送事業者、有線放送事業者）に与えられるのが著作隣接権で、これも著作権と同様、ピアニスト、オーケストラなどの実演した段階から発生する。

著作権には、複製権、上演権など一〇以上の権利があり、これは著作者あるいは権利を譲り受けた人だけが持つ権利である。

最初に登場する複製権とは、手書き、印刷、写真撮影、複写、録音など著作物を「形のあるものに再製する」（コピーする）権利。このため著作者の承諾なしに著作物をコピーできない。後述するが、私的利用や学校教育現場での複製は例外として認められている。ただし、この枠を超えると著作権侵害となるので要注意。

次に、コピーを作ることに関する権利「複製権」を紹介しよう。手書き、印刷、写真撮影などどのような方法であれ、著作物を「形のある物に再製する」（コピーする）ことに関連する無断で複製されない権利である。

これに関連して、直接またはコピーを使って公衆に伝えること（提示）に関する権利がある。これは、著作物を無断で公衆に①上演、演奏されない上演権、演奏権、②機器を用いて上映されない上映権、③著作物を送信されない公衆送信権、④公衆送信された著作物を、受信機装置を使って無断で公衆向けに伝達をされない「公の伝達権」、⑤言語の著作物を口頭で、無断で公衆に伝達されない口述権、⑥「美術の著作物の原作品」などを無断で公衆に展示されない美術品、写真を対象とした展示権——などがある。上演権、演奏権、口述権はＤＶＤやＣＤなどによる再生も含まれる。

単に、コピーを使って公衆に伝えること（提供）に関する権利では、①譲渡権（無断で公衆に譲渡されない）、②貸与権（無断で公衆に貸与されない）、③頒布権（無断で公衆に頒布されない）――がある。

著作物は、翻訳、編曲、脚色、映画化などにより、無断で二次的著作物に「創作」されない権利がある。たとえば、甲さんの原作を乙さんが翻訳して出版したい場合に、乙さんは甲さんの了解を得る必要がある。さらに、この二次的著作物を第三者が無断で利用しない二次的著作物に関する原作者の権利もある。

コピーを使って公衆に伝えること（提供）に関する権利が三つある。海賊版を念頭に創設された無断で公衆に譲渡されない譲渡権のほか、名義や方法を問わず、著作物を無断で公衆に貸与されない貸与権。映画の著作物についても無断で公衆に頒布されない頒布権もある。

このほか、自分の実演について実演家名を表示するかしないかを決定できる「氏名表示権」や、他人に無断で録音・録画などを止めることのできる「許諾権」、利用に際し使用料（報酬）を請求できる「報酬請求権」などもある。著作権法では、著作権の侵害は一〇年以下の懲役または一〇〇〇万円以下の罰金の罰則を設けている。

では、この権利が保護される期間はどの程度か。著作権や著作隣接権などの著作権上の権利には一定の保護期間が設けられている。これは、著作者の持つ権利を保護すると同時に、一定の期間の終了後は、その権利が消滅することで社会全体の共有財産として自由に利用すべきとの判断からである。

著作権（財産権）の保護期間は、著作者が著作物を「創作」した時から始まり、原則として著作者の生存している期間プラス死後七〇年間となる。映画の著作物も公表後七〇年。一身専属の権利とされている「著作人格権」の場合は、著作者の死亡で権利が消滅する。以上は国内の場合だが、米国や欧州連合（ＥＵ）も七〇年。保護期間をすぎた著作物は、公共財となり、自由に使うことが可能。

4　無断利用できるケース——例外規定

著作物の保護に関連する権利が、さまざまあることをこれまで縷々述べてきた。権利といっても必ずしも絶対ではなく、公共の福祉や他の権利とのバランスを保つ上から、例外規定が設けられている。ここでは、権利者の了解を得ずに無断で利用できる規定を紹介し、利用に資することにしたい。

(1)録画してあとでみる——私的使用の複製

「テレビ番組を録画して後日みる」「ネット上の著作物をダウンロードして印刷する」。こうした私的使用のための複製が、例外規定として認められている。

ただし、例外規定として扱われるにはいくつかの条件がある。①家庭内などの限られた範囲内で、仕事以外に使用、②使う本人が複製する、③誰でも使えるダビング機（コピー機）は使わない、④コピーガードを解除して複製しない、⑤著作権侵害のネット配信と知りながら映像などをダウンロードしない――。

(2)教育関係

学校・公民館などで教員、学生が教材などを作成するための複製も例外規定となっている。ネット上の著作物のダウンロード、印刷、コピーで教材作成、教材配布などもこれに含まれる。ただし、これにも条件がある。①営利を目的としない教育機関、②複製は教員、学生が担当、③授業で複製を使用、④すでに公表されている著作物、⑤著作権者の利益を不当に害しない、⑥出所を明示――などである。

(3)非営利・無料

学芸会、市民グループの発表会、公民館での上映など非営利・無料の利用も例外扱い。大学のクラブ活動やサークル、同好会などの活動もこれに含まれる。もっともお金を徴収すると対象にはならない。つまり、学園祭などで入場料などの名目で徴収すると例外扱いとはならない。あくまで、無料・非営利であることをお忘れなく。

条件は、①上演、演奏、上映、口述のいずれか、②すでに公表されている著作物、③営利を目的にしない、④聴衆、観衆から料金などを受けない、⑤出演者などに報酬が支払われない、⑥慣行がある時は、「出所の明示」が必要――。

(4)引用、転載

他人の主張や資料などを引用する際の例外規定がある。条件は、①すでに公表されている著作物、②引用に必然性があり、カギ括弧などにより引用部分が明確になっている、③出所の明示――など。これは、卒業論文を執筆する際に留意すべき点であり、引用の仕方を覚えておこう。

5　留意すべき点

著作権に関係して、私たちが気を付けるべきことについて説明してきた。これに加えて、私たちが留意すべき点についていくつか挙げてみよう。

旅行や特別のイベントなどで私たちは、写真撮影をする機会がある。それに関連するのが、みだりに写真を撮影されないなどの肖像権である。肖像権自体を規定する法律はないものの、東京理科大学理学部教授の宮武久佳は、日本国憲法一三条の「幸福追求権」から派生する権利と指摘している。

写真撮影の場合は、ゼミの懇親会などであっても、「撮影しますよ」などと声を掛けることが大事だろう。そして、撮影した写真を無断でネットなどへアップするのも肖像権の侵害に当たる。事前に了解を求めた方が無難であることは間違いない。

面白い映像だからといって、テレビ番組を動画投稿サイトへアップすることは、放送局の持つ権利を侵害することになる。これも慎んだ方がよい。いずれにしろ、他人の著作物を利用する場合は、例外規定を除くと、原則として権利者の「了解」を得ることが肝要となる。

6 個人情報流出に留意を――FBなどの利用で

蔓延するフェイクニュース関連の騒動で判明したのが、全世界で二一億人の利用者を誇るフェイスブック（FB）をはじめとして、SNSへ私たちの書き込んだ個人情報が大量に流失し、それがビジネスや大統領選などに利用されていたという驚くべき事実である。

FBの最高経営責任者（CEO）のマーク・ザッカーバーグは、二〇一八年四月の米議会上院の公聴会で、流失した約八七〇〇万人に上る個人情報などの対策強化などを約束した。ＦＢからその後も、個人情報の流失を伝える報道は続いている。筆者の携帯電話へは時たま、不動産の販売業者から勧誘の連絡が入ることがある。この流出では、筆者の情報も含まれていたのではないかと考えてしまう。

一〇年ほど前からＦＢを利用している筆者は、蓄積された自分の個人情報がサイトからダウンロードできることを知り、先日試してみた。完了には数時間を要したが、驚いたことに、ＦＢをスタートした時点からの自分はもちろん、他人への書き込みなどがすべて保存されていたことを知った。

こうした個人情報がＦＢのビジネスに利用され、企業などへ渡っていた可能性を知り、心底ぞっとした。タダを合言葉に利用者を集め、その個人情報を無断で収集し、ビジネスに利用するモデルができていることを肌で知り、寒気がした。

米上院での公聴会でもその点に批判が集中した。これに対してザッカーバーグは、無料でサービスを提供する代わりに、個人情報を活用したネット広告で稼ぐビジネスモデルを変更するつもりがないことを明言した。

以上のことからわかるように、利用すれば書き込んだ出身地、学歴、性別、年齢、メールアドレス、電話番号のほか、書き込みを通じて趣向や友人をはじめとする私たちの個人情報、顔写真などがＦＢには筒抜けになり、保存されビジネスに利用されているという事実である。ＦＢ利用、そして書き込みなどをする際には、こうした個人情報が流出したケースを想定して、細心の注意を図る必要がある。肝に銘じて利用しよう。

著作権を侵害している海賊版などと知りながら、権利者の許可なくネット上のマンガや写真、論文などあらゆる著作物についてダウンロードすることを全面的に違法とする著作権法の改正案が、ここに来て国会に提出される見通しとなっている。成立すれば、全面的に違法となるので、この行方を注目する必要がありそうだ。

7　ＥＵの情報規制——仏政府がグーグルに六二億円の制裁金

個人情報の保護のため、欧州連合（ＥＵ）が欧州発の個人データ保護に関する法規制ＧＤＰＲ（一般データ保護規則：General Data Protection Regulation）を二〇一八年五月から施行した。個人情報の域外への持ち出しは原則として禁止。対象は事業規模や本社の所在地に関係なく、域内の個人データを処理するほぼすべての組織に及ぶ。違反すれば、巨額の罰金が課される。最高は、売上高の四％か二〇〇〇万ユーロ（約二六億円）。

ロイター電などによると、フランスの規制当局は、二〇一九年一月、米グーグルが個人情報の収集でそれがどう利用されるかなどをユーザーに正確に伝えておらず、透明性に欠け、欧州連合（ＥＵ）のＧＤＰＲに違反しているとして、五〇〇〇万ユーロ（約六二億円）の制裁金を課した。

あなたがまだ学生なら、このことはあまり関係ないと思われる。だが、就職後、ＥＵ絡みで個人関連のデータを扱うことになれば、何らかの形で関わってくる。詳細は入社後に学ぶとして、学生のうちから個人データの保護のため、ＥＵに厳格な規制があった程度のことは覚えておく必要があるだろう。

参考資料

■文献

朝日新聞「新聞と戦争」取材班著『新聞と戦争』（朝日新聞出版、二〇〇八年）
アドルフ・ヒトラー著『わが闘争』（平野一郎・将積茂訳、黎明書房、一九六一年）
イーライ・パリサー著『フィルター・バブル――インターネットが隠していること』（井口耕二訳、早川書房、二〇一六年）
猪飼孝明著『西郷隆盛――西南戦争への道』（岩波書店、一九九二年）
稲葉三千男著『ドレフュス事件とゾラ――抵抗のジャーナリズム』（青木書店、一九七九年）
ウィリアム・L・シュライヤー著『第三帝国の興亡1――ヒトラーの台頭』（井上勇訳、東京創元社、一九六一年）
ウィリアム・L・シュライヤー著『第三帝国の興亡2――戦争への道』（井上勇訳、東京創元社、一九六一年）
烏賀陽弘道著『フェイクニュースの見分け方』（新潮社、二〇一七年）
エドワード・バーネイズ著『プロパガンダ〔新版〕』（中田安彦訳、成甲書房、二〇一〇年）
NHK取材班著『グーグル革命の衝撃』（日本放送協会出版、二〇〇七年）
エマニュエル・ローゼン著『クチコミはこうしてつくられる――おもしろさが伝染するバズ・マーケティング』（浜岡豊訳、日本経済新聞出版社、二〇〇二年）
大佛次郎著『ドレフュス事件――ブゥランジェ将軍の悲劇』（朝日新聞社、一九七四年）
海渡雄一・河合博之・原発事故情報公開原告団・弁護団著『朝日新聞「吉田調書報道」は誤報ではない――隠された原発情報との闘い』（彩流社、二〇一五年）

川上善郎著『うわさが走る――情報伝播の社会心理』（サイエンス社、一九九七年）
神田昌典著『口コミ伝染病――お客がお客を連れてくる実践プログラム』（フォレスト出版、二〇〇一年）
北村行夫・雪丸真吾編著『Q&A　引用・転載の実務と著作権法（第四版）』（中央経済社、二〇一六年）
ケント・クーパー著『障壁を破る――AP組合主義でロイターのヘゲモニーを打破』（福岡誠一・久我豊雄訳、新聞通信調査会、一九六七年）
古賀純一郎著『メディア激震――グローバル化とIT革命の中で』（NTT出版、二〇〇九年）
後藤文康著『誤報――新聞報道の死角』（岩波書店、一九九六年）
五味洋治著『金正恩――狂気と孤独の独裁者のすべて』（文藝春秋、二〇一八年）
櫻本富雄著『【大本営発表】シンガポールは陥落せり』（青木書店、一九八六年）
佐藤健二著『流言蜚語――うわさを読みとく作法』（有信堂高文社、一九九五年）
佐藤親賢著『プーチンとG8の終焉』（岩波書店、二〇一六年）
佐藤学・屋良朝博著『沖縄基地の間違ったうわさ――検証34個の疑問』（岩波書店、二〇一八年）
佐藤佳弘著『ネットでやって良いこと悪いこと』（源、二〇一一年）
佐藤佳弘著『メディア社会――やって良いこと悪いこと』（源、二〇一二年）
女性のためのアジア平和国民基金『「慰安婦」問題調査報告・1999』（女性のためのアジア平和国民基金「慰安婦」関係資料委員会、一九九九年）
スマイリーキクチ著『突然、僕は殺人犯にされた――ネット中傷被害を受けた10年間』（竹書房、二〇一一年）
立岩陽一郎・楊井人文著『ファクトチェックとは何か』（岩波書店、二〇一八年）
ジュリア・カジュ著『なぜネット社会ほど権力の暴走を招くのか』（山本知子・相川千尋訳、徳間書店、二

〇一五年)
平和博著『信じてはいけない――民主主義を壊すフェイクニュースの正体』(朝日新聞出版、二〇一七年)
高濱賛著『捏造と盗作――米ジャーナリズムに何を学ぶか』(潮出版社、二〇〇四年)
竹山恭二著『報道電報検閲秘史――丸亀郵便局の日露戦争』(朝日新聞社、二〇〇五年)
田中辰雄・山口真一著『ネット炎上の研究――誰があおり、どう対処するのか』(勁草書房、二〇一六年)
田村紀男編『地域メディアを学ぶ人のために』(世界思想社、二〇〇三年)
塚田祐之著『その情報、本当ですか?――ネット時代のニュースの読み解き方』(岩波書店、二〇一八年)
徳山喜雄著『新聞の嘘を見抜く――「ポスト真実」時代のメディア・リテラシー』(平凡社、二〇一七年)
津田大介・日比嘉高著『「ポスト真実」の時代――「信じたいウソ」が「真実」に勝る世界をどう生き抜くか』(祥伝社、二〇一六年)
林香里著『メディア不信――何が問われているのか』(岩波書店、二〇一七年)
ハンナ・アーレント著『全体主義の起源1――反ユダヤ主義』(大久保和郎訳、みすず書房、二〇一七年)
ハンナ・アーレント著『暴力について――共和国の危機』(山田正行訳、みすず書房、二〇〇〇年)
ハンナ・アーレント著『過去と未来の間――政治思想への8試論』(引田隆也・齋藤純一訳、みすず書房、一九九四年)
廣瀬陽子著『ロシアと中国――反米の戦略』(筑摩書房、二〇一八年)
ピエール・ミケル著『ドレーフュス事件』(渡辺一民訳、白水社、一九九〇年)
百木漠著「アーレント「政治における嘘」論から考える公文書問題」『現代思想(二〇一八年六月号)』(青土社、二〇一八年)
フィリップ・ナイトリー著『戦争報道の内幕――隠された真実』(芳地昌三訳、時事通信社、一九八七年)

平井正著『ゲッベルス――メディア時代の政治宣伝』（中央公論社、一九九一年）
福田直子著『デジタル・ポピュリズム――操作される民主主義』（集英社、二〇一八年）
藤代裕之著『ネットメディア覇権戦争――偽ニュースはなぜ生まれたか』（光文社、二〇一七年）
藤田博司著『どうする情報源――報道改革の分水嶺』（リベルタ出版、二〇一〇年）
古谷経衡著『ネット右翼の終わり――ヘイトスピーチはなぜ無くならないのか』（晶文社、二〇一五年）
保阪正康著『大本営発表という権力』（講談社、二〇〇八年）
マーティン・ファクラー著『権力者とメディアが対立する新時代――ファクトよりフェイクニュースが人を動かす時代のジャーナリズム』（詩想社、二〇一八年）
マイケル・ウォルフ著『炎と怒り――トランプ政権の内幕』（関根光宏・藤田美菜子他訳、早川書房、二〇一八年）
松田美佐著『うわさとは何か――ネットで変容する「最も古いメディア」』（中央公論新社、二〇一四年）
水島治郎著『ポピュリズムとは何か――民主主義の敵か、改革の希望か』（中央公論新社、二〇一六年）
宮川亨編集長『徹底検証　世紀の大誤報（『別冊宝島』二二八一号）』（宝島社、二〇一五年）
宮武久佳著『正しいコピペのすすめ――模倣、創造、著作権と私たち』（岩波書店、二〇一七年）
望月衣塑子著『新聞記者』（角川書店、二〇一七年）
望月衣塑子・森ゆう子著『追及力――権力の暴走を食い止める』（光文社、二〇一八年）
望月衣塑子・マーティン・ファクラー著『権力と新聞の大問題』（集英社、二〇一八年）
安田浩一著『沖縄の新聞は本当に「偏向」しているのか』（朝日新聞出版、二〇一六年）
山田健太著『沖縄報道――日本のジャーナリズムの現在』（筑摩書房、二〇一八年）
矢野久美子著『ハンナ・アーレント――「戦争の世紀」を生きた政治哲学者』（中央公論新社、二〇一四年）

吉見義明著『従軍慰安婦』（岩波書店、一九九六年）
琉球新報社編集局編著『これだけは知っておきたい 沖縄フェイク（偽）の見破り方』（高文研、二〇一七年）
ロージャー・マンヴェル、ハインリヒ・フレンケル著『第三帝国と宣伝――ゲッベルスの生涯』（樽井近義、佐原進訳、東京創元新社、一九六二年）
早稲田大学メディア文化研究所編『「ニュース」は生き残るか――メディアビジネスの未来を探る』（一藝社、二〇一八年）

■ウェブ

文化庁長官官房著作権課「著作権テキスト――初めて学ぶ人のために（平成三〇年度版）」

■雑誌など

「第七〇回新聞大会から――研究座談会「フェイク」とたたかう新聞」『新聞研究』二〇一七年一二月号

＊参考にした新聞、雑誌、ウェブサイトの記事の多くは割愛しました。ご了解ください。

あとがき

フェイクニュースの蔓延で注目を浴びている一人の哲学者がいる。本文中で簡単に触れたナチス・ドイツの全体主義の研究で知られる、ドイツのユダヤ人家庭に生まれたハンナ・アーレント（一九〇六〜七五年）である。マルティン・ハイデガー、ルドルフ・カール・ブルトマン、エルムント・フッサールなどに学び、カール・ヤスパースの下で学位を取得、ナチ政権の成立後フランス・パリを経由して米国に亡命。シカゴ、プリンストン大学などで教鞭をとった政治哲学者である。

代表作は、『全体主義の起源』で、大衆社会からなぜ全体主義が生まれたのかなどを鋭く分析した。ユダヤ人大量虐殺（ホロコースト）の責任者でもあるアドルフ・アイヒマンが、逃亡先のアルゼンチンで逮捕され、イスラエルでの裁判を傍聴して執筆した論文もある。

ウソについて「政治における嘘」と「伝統的な嘘」の二つがあると指摘するアーレントは、その著書の『過去と未来の間――政治思想への8試論』の中で、「伝統的な嘘と現代の嘘との違いは、隠蔽することと破壊することとの違いにほぼ等しい」と指摘している。

わからない向きも多いだろうが、この意味について同研究家の立命館大学客員研究員の百木漠は、『現代思想』の二〇一八年六月号の特集「公文書とリアル」の中で、「伝統的な嘘」が真実を隠蔽するのに対して「現代的な嘘」は、真実というカテゴリーそのものを破壊し、それを通じて我々の「世界」それ自体を破壊しようとするとわかりやすく解説している。

百木は、財務省が改ざんした森友学園関係の政府の公文書の事案に当てはめると、政治家や官僚が自分たちに不都合な事実（文書）を隠蔽しようとしているのであれば、それは「伝統的な嘘」の範疇にあり、もし政治家や官僚たちが、理想とする政治的イメージを実現するために新たな事実（文書）を捏造し、理想に合わせて現実の方をねじ曲げようとしているのであれば、それはアーレントが「現代的な嘘」と呼ぶ〝真実の破壊〟〝世界の破壊〟に該当する、と指摘している。

ネット上に拡散するフェイクニュースはまさに、半世紀前にアーレントが考察した嘘の世界である。事実とはかけ離れたフェイクニュースやフェイク情報を捏造するネット右翼やヘイト言説は、さもそれが事実のように声高に否定論者を攻撃し、虚構の世界を構築しようとする。これは、ナチス・ドイツが政権を掌握する直前に当時のドイツを覆った〝兆候〟ではないか。アーレントによると、この兆候、つまりフェイクニュースの次に来るのがテロによってイデオロギーを無理やり実現する政治体制の「全体主義」である。

新聞報道によると、二〇一八年一一月に反原発、反安倍政治などを中心に精神科医の立場から幅広く社会批評の活動を続けている立教大学教授の香山リカへ暴力などを匂わせた電話があり、講演会が中止となった。首相官邸の記者会見で安倍政権幹部などへの辛口の質問で脚光を浴びた東京新聞社会部記者の望月衣塑子へも、殺人をほのめかす脅迫電話がかかってきている。いずれも全体主義につながるテロではないか。だとしたら私たちは今、まさに全体主義の入口に立っているのではないか。私たちは、全体主義という「いつか来た道」へ逆戻りすることのないように、目前のフェイクニュースに厳格に対峙する必要があろう。そのための武器となるのが、メディアリテラシーである。

ひと頃に比べると鎮静化しているような印象を持っていた筆者は、本書を執筆するにあたって、フェイクニュースによる混乱や騒ぎを調査した。残念なことであるが、フェイクニュースがさらに身近に迫ってきているのではないかとの観を強くしている。

二〇一八年九月の沖縄知事選などもそうだし、同一一月の台湾の地方選などでも、中国発のフェイクニュースが拡散されたようだ。米仏の大統領選でもそうだった。ロシアはフェイクニュースを武器に、ハイブリッド戦争を仕掛ける態勢に入っている。さらには、フェイクニュースの発信源と化しているトランプ大統領が、二〇一八年の中間選挙の下院での敗北を機に一段とフェイク化している印象がある。

最後にフェイクニュースに関連した嬉しい話と、筆者のヒヤリとした体験をそれぞれ一つ披露しよう。嬉しい話題は、二〇一八年末が期限の卒業研究で、世界的に定評のある英ＢＢＣニュースを分析したゼミ生が誤報を発見したことである。何がフェイクだったのか。ＢＢＣ通ならよくご存知だろうが、二〇一八年夏から長期間にわたって世界中からアクセスを集め、英語版ウェブサイトのアクセスランキングでここ一年間、一貫して上位に付けていた「Sexless in Japan（日本人のセックスレス）」（二〇一七年七月六日）の記事に間違いを見付けたのである。

中身は、日本人の若者に直接取材した映像を軸としたニュースで、一八歳から三四歳までの日本人の青年の四三％が「一度もセックスをしたことがない」との驚くようなキャプション付きの円グラフを画面に示し、放送していた。ゼミ生がＢＢＣの日本語版と英語版の記事を照らし合わせて、データの出所が国立社会保障・人口問題研究所の二〇一五年の調査と確認。同調査では「性経験なし」と答えた一八～三四歳の「未婚男性」の割合が四二・〇％、同じく「性経験なし」と答えた一八～三四歳の「未婚女性」の割合が四四・二％となっていた。日本語版では問題はなかったが、英語版では、統計の核心となる「未婚の」の部分が欠落していた。

統計は未婚に限定した調査だから、既婚者は含まれていない。ＢＢＣの番組が伝えた日本のセックスレスの話は、未婚者のセックスレスの数字をさも一八～三四歳の日本人の若者全体の数字のように示していた。正にフェイクである。

「日本の若者の性行動は変わっているなあ」と世界の注目を集めるニュースとな[illegible]のは当然である。仮に、その年齢層で結婚している割合が半分だとすると、四三％の性体験の[illegible]女の比率を計算する母数が倍増するから、四三％の半分の二〇％程度が現実の数字となる。既婚者の割合が高まるほど同年齢層の性体験のない比率は低下する。

なぜ、定評のあるＢＢＣがこんな間違いを犯したのか。最初に執筆された記事が日本語であれば、英語への翻訳ミスということもありうる。日本語版では、「未婚の」男女に対する調査であると明記されているからである。いずれにしろ、ゼミ生のメディアリテラシーがいかんなく発揮された。指導教員にとってはとても喜ばしいことであった。

これとは正反対でややうかつだったと筆者が感じたのは、一瞬ヒヤリとしたフェイク写真である。モノは、二〇一八年六月にカナダで開かれた主要七カ国首脳会議（Ｇ７サミット）で、日本を除く六首脳による鳩首会談を伝えるネット上に流布した画像である。同サミットは、トランプ大統領の抵抗で合意文書の作成が難航したことが知られている。

その開きを埋めるために首脳が通訳抜きで会議場の一室に集まり、議長役のカナダのジャスティン・トルドー首相を中心に六人がソファーに座り、まさに侃々諤々の白熱した議論を展開している現場を写し取った映像である。トランプ大統領、メルケル独首相、マクロン仏大統領、メイ英首相など世界の巨頭がずらりと並ぶさまは、これこそがまさにＧ７、迫力満点だ。

残念ながらこの中には、安倍首相の姿は見えない。だが目を凝らすと、数メートル離れた隣のソファーでぽつんと一人座る首相と思わせる人物が小さく映っている。「日本は蚊帳の外」を匂わせる写真である。二〇代で米カリフォルニア州の大学に留学した経歴を誇る英語力に秀でていると思われる首相としては、やや嘆かわしく感じるのは筆者だけだろうか。極めて残念であると感じていた。

ところがである。ネット上の情報に接するうちに、これは「加工した写真では」との指摘が見付かった。努力の結果、筆者も加工したもとの写真を運よく見付けることに成功した。比較すると、悪意を持って加工した可能性が排除できない。フェイク写真との印象を今では強くしている。ネット情報では、「犯人は中国の愉快犯」と書き込まれていたが、これも怪しいものである。瞬間、筆者は本書で取り上げた、BBCのフェイクの見分け方の「写真は加工しやすいので要注意」を思い出し、反省した。

本書は二〇一八年秋に、フェイクニュースに多大な関心を持った旬報社の木内洋育社長から入門書の執筆を持ちかけられた。勤務する学部のメディアの講義で、フェイクニュースは直近の最優先の重要課題となっており、この見分け方などを前期の講義の序盤で説明している。学生たちも大いに興味を示してくれ、講義後は新聞などの信頼できるメディア情報と突き合わせることでフェイクニュースにだまされないよう気配りしてくれている。

フェイクニュースについて筆者は、ネット時代の〝あだ花〟と考えており、これから数年はこうした不確かな情報と付き合わなければならないのではないかと考えている。メディアリテラシー教育が不可欠となる。

執筆では、多くの友人にお世話になった。本書中にも登場する著作権に詳しい東京理科大学の宮武久佳教授には論文の関連部分に事前に目を通していただくなど多大なご支援をいただいた。旬報社の木内社長、編集企画部の熊谷満部長のほかアジールプロダクションの村田浩司さんにもたいへんお世話になった。この場を借りて厚くお礼を申し上げたい。

古賀純一郎

著者紹介

古賀純一郎（こが・じゅんいちろう）

茨城大学人文社会科学部特任教授（ジャーナリズム論）。東京大学経済学部卒。共同通信社経済部、ロンドン支局、立教大学社会学部非常勤講師、茨城大学人文社会科学部教授などを経て2019年4月から現職。著書『経団連――日本を動かす財界シンクタンク』（新潮社、2000年）『政治献金――実態と論理』（岩波書店、2004年）『メディア激震――グローバル化とIT革命の中で』（NTT出版、2009年）『アイダ・ターベル――ロックフェラー帝国を倒した女性ジャーナリスト』（旬報社、2018年）ほか。

すべてを疑え！
――フェイクニュース時代を生き抜く技術

2019年4月15日　初版第1刷発行

著　者 ―― 古賀純一郎
装　丁 ―― 宮脇宗平
編集協力 ―― 村田浩司（アジール・プロダクション）
発行者 ―― 木内洋育
発行所 ―― 株式会社 旬報社
〒162-0041
東京都新宿区早稲田鶴巻町544　中川ビル4F
TEL 03-5579-8973　FAX 03-5579-8975
HP http://www.junposha.com/
印刷製本 ―― 中央精版印刷株式会社

ISBN978-4-8451-1587-7